333 coole Tricks und Fakten für smarte Jungs

Unglaubliche Tatsachen über die Welt zum Weitererzählen

Klaus Jung

333 coole Tricks und Fakten für smarte Jungs

Inhalt

Die besten Life-Hacks

Dir ist es bestimmt schon öfters passiert, dass du ein Problem im Alltag lösen wolltest. Vieles erscheint dir vielleicht zu kompliziert, zu langwierig. Das ist es manchmal auch! Deswegen sind Life-Hacks genau das, was deinen Alltag viel cooler und angenehmer macht. Unter Life-Hacks werden Strategien verstanden, die ein Problem auf eine ungewöhnliche Art und Weise lösen können. Oftmals sind Life-Hacks auch total zeitsparend, sodass du dank ihnen länger Zeit für deine Freunde hast und dich weniger mit nervigen Dingen herumschlagen musst. Sie sind also eine total smarte Lösung bei jeglichen Alltagsproblemen. Damit du jetzt nicht nur weißt, was Life-Hacks sind, sondern auch, welche du wie gezielt nutzen kannst, erfährst du nun folgend die allerbesten Life-Hacks, die es gibt!

1. Wie lange hält mein Controller noch durch? Das ist wohl eine Frage, die sich alle Jungs, die auf einer Spielekonsole zocken, schon gestellt haben - vielleicht ja auch schon du selbst. Es ist immer sehr ärgerlich, wenn der Controller mitten im Spiel ausgeht. Doch du kannst ganz einfach prüfen, ob die Batterien voll oder leer sind. Dafür musst du sie nur aus einer geringen Höhe auf einen harten Untergrund fallen lassen. Sie sind voll, wenn sie nur kurz hochspringen oder direkt umfallen. Siehst du sie hüpfen, dann sind sie aller Wahrscheinlichkeit nach leer.

2. Soll ein kleines Bild in deinem Zimmer aufgehängt werden, musst du die Nägel nicht unbedingt mit dem Mund oder in der Hand halten. Du kannst auch einfach an dem

Hammer einen kleinen Magnetstreifen befestigen und die Nägel daran aufhängen - total praktisch und schnell gemacht!

2. "Autsch, das tat weh!". Das haben wir wohl schon alle mal gezischt, wenn wir uns mal wieder beim Anzünden eines Adventslichts in der Weihnachtszeit verbrannt haben. Du kannst jedoch einfach eine Spaghetti-Nudel unter das Feuer halten und damit dann die Kerze ganz einfach zum Leuchten bringen. Anschließend muss die Spaghetti-Nudel jedoch unter Wasser gehalten werden, bevor du sie in den Müll schmeißt.

3. Möchtest du dich vielleicht sportlich verausgaben, aber keiner deiner Freunde hat gerade Zeit? Dann kannst du gegen dich selbst Tischtennis spielen. Das geht? Ja! Du musst dazu einfach die eine Hälfte einer Tischtennisplatte hochklappen und schon kannst du gegen dich selbst spielen und deine eigene Reaktionsschnelligkeit trainieren.

4. Du bist am Rand eines Fußballspiels deiner Freunde und möchtest sie lauthals anfeuern - dir fehlt aber ein Mikrofon? Kein Problem! Du kannst dir einfach eine leere Toilettenpapierrolle schnappen, in die du ein Loch in der Breite deines Handys schneidest und dein Handy anschließend in dieses Loch hineinsteckst. Um die Rolle nicht verrutschen zu lassen, kannst du ein, zwei Reiszwecken als Stütze nutzen.

5. Wenn du mit deiner Familie kochst, kommen oft auch Zitronen zum Einsatz. Diese spritzen beim Pressen oft stark, was unschöne Flecken beschert. Stattdessen kannst du

jedoch an einer Seite der Zitrone ganz einfach ein Loch bohren. So lässt sich die Zitrone ohne eine Sauerei ausquetschen.

6. Deine Kabel für dein Handy, Kopfhörerkabel und Ladekabel liegen mal wieder völlig durcheinander in einer Schublade und es dauert Ewigkeiten, bis du sie entknotet hast? Stecke das Kabel einfach aufgerollt in eine leere Toilettenpapierrolle. Diese lässt sich sogar individuell beschriften, sodass du weißt, welche Rolle zu welchem Kabel gehört und es immer schnell findest.

7. Es ist Sommer und heiß. Natürlich möchte man dann eine schöne Erfrischung! Nutzt du jedoch Eiswürfel, verwässert dein Getränk schnell. Smart ist es, wenn du frisches Obst gefrierst und es in einem Getränk auftauen lässt. So hast du beides zusammen - die Abkühlung und ein leckeres, fruchtiges Aroma.

8. Die Tastatur von deinem PC ist wieder total krümelig? Wenn du etwas Kinderknete bei dir hast, kann diese super die Krümel und Flusen, die sich auf deiner Tastatur befinden, aufnehmen. So ist deine Tastatur blitzschnell wieder blitzblank.

9. Manchmal wollen wir alle einfach nur schick aussehen. Jedoch immer an Familienfeiern! Oder zumindest will das unsere Familie. Wenn du keinen Fusselroller für ein Hemd zur Hand hast, kannst du auch ganz einfach und effektiv mit Paketband oder Klebeband die Fussel von deinem Hemd entfernen.

10. Dein Zimmer ist etwas chaotisch und du möchtest es etwas aufpeppen? Zum Einfangen von Staub kannst du einfach Socken verwenden, indem du diese über einen Besen stülpst und die staubigen Ecken deines Zimmers damit angehst. Schon nach ein paar Minuten wird dein Zimmer wesentlich sauberer sein.

11. Im Winter Fahrrad zu fahren, kann bei viel Schneefall wirklich herausfordernd sein. Du kannst jedoch einfach Kabelbinder in regelmäßigen Abständen um deine Reifen spannen. So rutschen diese im Schnee nicht so leicht weg.

12. Du hast mal wieder mit deinem Haustier gekuschelt und bist voller Tierhaare oder vielleicht sind es auch die Möbel deines Zimmers? Um dich und die Möbelstücke von den Tierhaaren zu befreien, kannst du einfach einen handelsüblichen Fensterabzieher nutzen, der eine Wischlippe aus Gummi oder Silikon hat. Dieser zieht die Tierhaare an, sodass du und deine Möbel wieder schnell sauber sein werden.

13. Wenn du auf dem Schulhof bist und die Sonne scheint, kannst du deine künstlerischen Fähigkeiten unter Beweis stellen! Dafür benötigst du nur eine Gießkanne, die ein möglichst kleines Loch zum Gießen hat. Durch den Wasserstrahl bist du in der Lage, riesige Bilder auf deinem Schulhof entstehen zu lassen. Sei aber schnell, die Sonne trocknet das Wasser schnell.

14. Kannst du einen Pinsel, schwarze Farbe und eine Gießkanne besorgen? Falls ja, dann kannst du eine Gießkanne einfach schwarz anpinseln und warten bis die die Farbe

getrocknet ist. Danach knotest du eine Schnur um den Henkel von der Gießkanne. Anschließend kannst du diese "Dusche" an einen Ast aufhängen, der viel von der Sonne beschienen wird. Nach ein paar Minuten kannst du mit der Dusche beginnen und dich erfrischen! Achtung: Dieser Tipp eignet sich nur für warmes Wetter.

15. Eine eigene Kamera bauen, kannst du mit einer Dose ohne scharfen Rand, einem Gummiband, einem Dosenlocher und Pergamentpapier. Diese Kamera funktioniert dann fast wie das menschliche Auge, es steht jedoch zunächst alles noch auf dem Kopf. Du wirst aber feststellen, dass das schlaue menschliche Sehzentrum im Gehirn das Bild ganz schnell richtig dreht, sodass du alles in der richtigen Perspektive siehst.

16. Du hast Lust auf ein Eis jedoch keines mehr daheim? Für ein leckeres Eis kannst du auch ganz einfach ein Joghurt einfrieren. Suchen dir dafür deine Lieblingssorte aus, stc cke einen kleinen Teelöffel als Eisstiel durch den Deckel und friere den Joghurt anschließend ein.

17. Hast du etwas Erdfarben, Pinsel und Wasser zur Hand, kannst du dir coole Muster auf die Haut malen oder von Freunden malen lassen. Vergesst nicht, dies auf Fotos festzuhalten! Das wird eine Erinnerung sein, die euch noch lange im Gedächtnis bleiben wird. Am Abend kannst du die Farben ganz einfach mit Wasser abwaschen.

18. Geschnittenes Brot kann man wunderbar im Gefrierfach lagern und einzelne Scheiben bei Bedarf im Toaster rösten – schmeckt wie frisch gebacken - und kein Brot wird mehr

hart und landet damit im Müll. Klappt mit Toastbrot genauso wie mit Roggenbrot vom Lieblingsbäcker.

19. Um eine Spinne als Haustier zu beherbergen, kannst du dir einfach einen Schuhkarton schnappen und in diesen ein Stück Schnur und feuchtes Papier legen. Wenn du magst, kannst du auch noch ein paar Zweige und etwas Sand in den Karton tun. Mit etwas Glück kommt schon nach wenigen Stunden eine Spinne, die sich bei dir im Schuhkarton einquartiert.

20. Wenn du gerade in der Schule bist, einen Zauberstab und etwas Musik auf dem Handy oder dem CD-Player hast, dann kannst du das Schaufenster-Spiel aus dem Nichts starten. Wenn die Musik ertönt, berührt der Zauberer dabei z.B. nur den rechten Oberarm eines Kindes, welcher dann zum Rhythmus der Musik zu tanzen beginnt. Stoppt die Musik, stoppt auch das Tanzen.

21. Es hat stark geschneit und gefühlt dauert der Weg zur Schule dreimal so lange wie sonst, weil du im dichten Schnee nur dicht vorankommst? Das kann natürlich etwas deprimierend sein. Du kannst dir aber einfach einen leichten Ball auf dem Pausenhof schnappen und mit Freunden eine wilde Partie Fußball spielen, bei dem der Ball wie eine Billardkugel rasend schnell zirkuliert.

22. Wenn du eine Münze auf ein Blatt Papier legst und darauf ein befülltes Marmeladenglas mit Wasser, dann scheint die Münze weg zu sein und der Boden glänzt. Das liegt daran, dass die Münze die Lichtstrahlen reflektiert.

23. Wenn du mal wieder die Natur so richtig erfahren möchtest, musst du nicht direkt mit deinen Eltern einen Wandertag im Wald machen. Du kannst dir auch einfach einen Zapfen schnappen, an diesem einen Faden (nämlich an einem Stiel) befestigen und diesen am Ohr befestigen. Schon hast du einen total einzigartigen, naturverbundenen Stil - zu hundert Prozent nachhaltig.

24. Du glaubst nicht, dass du auch ein Pinguin sein kannst? Doch, das kannst du! Die Männchen bei den Kaiserpinguinen brüten das Ei zwei Monate, indem sie es auf den Füßen tragen. Suche dir einfach einen ruhigen Platz, lege dich auf den Rücken und halte mit hochgestreckten Beinen einen Ball (z.B. ein Softball) zwischen deinen Füßen. Mit den Armen kannst du dich dabei am Boden abstützen. Et voilà! Schon bist du ein waschechter Pinguin.

25. Schnappe dir ein Paar Kochhandschuhe, heißes Wasser und ein hartgekochtes, geschältes Ei. Außerdem benötigst du noch eine Baby-Milchflasche, die aus Glas besteht. Hole dir einen Erwachsenen zur Hilfe. Fülle kochendes Wasser in eine Flasche, bis die Flasche sehr heiß ist (berühre sie nur mit einem Kochhandschuh). Schütte nun das Wasser weg. Setze nun das Ei auf den Rand der Flasche. Na, was passiert?

26. Mache dich im Schulgarten oder dort, wo du wohnst, auf der Suche nach verschiedenen Zweigen und breche sie jeweils so, dass sie alle circa 15 bis 25 cm lang sind. Bearbeite die Zweigspitze so lange, bis das Holz auffasert. Diese Holzpinsel kannst du nun super einsetzen, um mit

Wasserfarben zu malen! Garantiert umweltfreundlich und unwahrscheinlich schön.

27. Fängst du beim Zwiebelschneiden auch an zu Tränen? Beim Schneiden wird nämlich Gas freigesetzt, dass in den Augen sticht und für Tränen sorgt. Manchen Hobbyköchen hilft es, währenddessen Kaugummi zu kauen oder einen Schluck Wasser im Mund zu halten.

28. Wie kann denn der Stift einen Knick haben? Mit diesem Life-Hack kannst du prima Freunde und Familie reinlegen. Stecke dafür einfach einen langen Stift zwischen Mittelfinger und Zeigefinger. Schaue nun auf einen entfernten Gegenstand, bewege die Hand etwas nach unten, ohne den Blick dabei vom Gegenstand zu lassen. Der Stift wirkt nun enorm geknickt.

29. Wie viel Spaß kann schon eine leere Streichholzschachtel bereiten? Enorm viel! Schnappe dir einen Freund oder eine Freundin, klemmt zwischen eure Nasen eine Streichholzpackung und verschränkt eure Hände auf dem Rücken. Macht vorher etwas Musik an, die euch gefällt. Tanzt so lange, bis die - ja die Streichholzschachtel und nicht die Nase - herunterfällt!

30. Spielen und trainieren macht Spaß, es kann jedoch auch gleichzeitig stattfinden. Wie das möglich ist? Schnappe dir einfach einen Freund, einen Stock und markiert die Mitte des Stocks. Stellt euch gegenüber und haltet den Stock über euren Kopf. Ertönt das Startsignal, dann muss jeder so schnell wie möglich die Mitte des Stockes erreichen, indem er die eine Hand vor die andere Hand setzt.

31. Nutze die Muffin-Förmchen mal anders, wenn du sie von unter auf ein Eis am Stiel steckst, läuft das geschmolzene Eis nicht über deine Hand. Das gleiche funktioniert auch mit einer Scheib Gurke.

32. Hast du ein Stoffknäul griffbereit und ein paar Stöcker gesammelt? Dann kannst du daraus mit etwas Geduld, Kreativität und handwerklichen Fähigkeiten ein paar tolle Kunstwerke zaubern. Binde dabei die Stöcker so zusammen, dass sie besondere Formen ergeben.

Unnützes Wissen

In der Schule lernst du viele Dinge, von denen du vielleicht nicht alle als wichtig erachtest. Dennoch ist die Schule natürlich dafür da, dir viel wichtiges Wissen beizubringen. Deutlich unterhaltsamer und einprägender ist oftmals jedoch unnützes Wissen. Ganz besonders und schon fast wieder wissenswert wird es dann, wenn es um unnützes Wissen aus aller Welt geht. Skurriles, Erstaunliches und Dinge, die du deinen Freunden danach unbedingt erzählen möchtest, erfährst du nun folgend.

1. Was machst du, wenn ein Freund dich etwas fragt und du etwas verneinst? Wahrscheinlich schüttelst du den Kopf. Wieso sollte das auch anders sein?! Nun ja, in Albanien, einem Land in Südosteuropa auf der Balkaninsel, ist das ganz anders. Hier bedeutet das Kopfschütteln "Ja" und das Nicken bedeutet "Nein". Verrückt, oder?

2. In Deutschland wird jedes Jahr enorme Mengen an Brezeln gegessen. Ganz gleich ob beim Bäcker, im Fußballstadion oder auch beim Oktoberfest. Vielleicht magst du auch gerne Brezeln, vielleicht aber auch lieber die kleinen Miniaturbrezeln zum Knabbern. Doch glaubst du, dass eine Brezel 783,81 kg wiegen kann? Nur zum Vergleich: Ein ausgewachsener männlicher Löwe wiegt 190 kg. Die 783,91 kg schwere Brezel existiert jedoch tatsächlich, sie wurde in El Salvador (Südamerika) gebacken.

3. Wenn es um eine schöne Beschäftigung für das Wochenende geht, ist vielleicht einer deiner ersten Gedanken, ins

Kino zu gehen. Wen würdest du dafür fragen? Deine Eltern, deine Freunde? Egal wen du fragst, du kannst ihn oder sie mitnehmen. Wenn du dich in Maryland, einem Bundesstaat der USA aufhältst, darf jedoch kein Löwe deine Begleitung sein - das verbietet das Gesetz des Bundesstaats.

4. Kennst du jemanden, der Deutschland zu Fuß durchquert hat? Wahrscheinlich nicht, aber das ist auch kein Wunder. Die Bundesrepublik Deutschland verfügt auch über eine große Fläche von 357.588 km^2. Der kleinen Staat Monaco, dieser befindet sich in Südwesteuropa, lässt sich jedoch zu Fuß in nur 45 Minuten von Osten nach Westen durchqueren!

5. Im Sommer eine Abkühlung im Wasser zu nehmen, ist eine der schönsten Aktivitäten überhaupt. Dann sogar noch von einer Wasserrutsche zu rutschen, mit ordentlich Speed um einen tollen Adrenalinkick zu genießen - das ist dann schon fast das höchste der Gefühle. Apropos hoch: Die weltweit höchste Wasserrutsche befindet sich in Brasilien (Rio de Janeiro) und ist schwindelerregende 49,9 m hoch.

6. An wen denkt man zuerst, wenn es um absolute Torjäger geht? An Robert Lewandowski, Lionel Messi oder doch an CR7 höchstwahrscheinlich. Doch auch ein Torwart kann ein Torjäger sein. Das beste Beispiel dafür ist der brasilianische Torwart Rogério Ceni, der insgesamt auf 131 geschossene Tore kommt.

7. Wie groß ist die kleinste Stadt in deiner Nähe? Vielleicht hat sie nur ein paar Tausend Einwohner, vielleicht sogar noch weniger. Weit gefehlt, die Stadt Hum liegt in Kroatien und hat tatsächlich nur 30 Einwohner und zählt damit als kleinste Stadt weltweit.

8. Tiere sind faszinierend und nicht selten sind sie auch kleine Genies. Otter können aus dieser Aussage nicht ausgeklammert werden, da sie im Laufe der Evolution einen denkbar klugen Mechanismus für ihr Leben entwickelt haben. Sie verfügen über eine Hauttasche, die sich unter ihren Vorderbeinen befindet. In dieser tragen sie oftmals einen Stein, den sie dann als Werkzeug benutzen.

9. "Ach, das ist ja spannend!". Fünf Minuten später: "Was war denn gerade nochmal so spannend?". Wahrscheinlich schweifst auch du manchmal etwas ab, bist unkonzentriert. Das geht jedoch allen Menschen so. Experten von der Universität von Kalifornien gehen davon aus, dass wir 30 Prozent unserer Zeit im Alltag mit dem Tagträumen beschäftigt sind.

10. In einem Salat dürfen keine Tomaten fehlen, schließlich ist sie als Gemüse doch eigentlich immer dabei? Doch eine Sache wird dabei nicht betrachtet: Tomaten sind nicht nur Gemüse, sie sind auch Obst. Kulinarisch betrachtet kann die Tomate zwar als Gemüse eingestuft werden, für Botaniker hingegen erfüllt sie alles Wichtige, was Obst ausmacht.

11. Welche Feiertage fallen dir auf Anhieb ein? Vermutlich Weihnachten oder Ostern, weil sie für uns so präsent sind.

In anderen Ländern gibt es jedoch mitunter auch sehr skurrile Feiertage. So wird in den USA unter anderem der Tag des Nachbarschaftsjodelns als Feiertag zelebriert.

12. Vielleicht hast du schon mal etwas von Montenegro gehört. Das Land, das seit Mai 2006 unabhängig ist, liegt auf der Balkanhalbinsel, die sich in Südosteuropa befindet. In Montenegro galt lange Zeit die Deutsche Mark als Währung und als dann der Euro kam, übernahm ihn Montenegro. Und das, obwohl Montenegro zu der Zeit kein Mitglied der Europäischen Union war.

13. Kaum zu glauben, aber wahr: Auf Island gibt es Menschen, die sogenannte "Elfenbeauftragte" sind. Wenn sie glauben, dass beim Bau die Heimat von Elfen zerstört werden würde, dann melden sie sich beim zuständigen Bauunternehmer, der das Anliegen dann prüft.

14. An was denkst du, wenn du den Begriff "Sahara" hörst? Wahrscheinlich an die Wüste, Karawanen mit Eseln, Kamelen und viel Proviant. An Schnee wahrscheinlich nicht, es klingt eher wie ein schlechter Scherz. Doch tatsächlich fiel am 28.01.2005 in der Sahara Schnee, was auch medial für großen Wirbel sorgte.

15. Eine ältere Zeichentrickserie, die früher im Fernsehen lief, geht rund um die Zeichentrickfigur Popeye, der aus dem Verzehren von Spinat ungeahnte (Super-)Kräfte entwickeln kann. Du kannst ihn dir als richtigen Superheld vorstellen. Anders als die fiktive Figur des Popeye, ist der Nashornkäfer ein echter tierischer Superheld. Dieser schafft

es, dass 850-fache seines eigenen Körpergewichts zu transportieren! Ziemlich erstaunlich, oder?

16. Ein Teil der Erwachsenen raucht, das ist natürlich nicht gesund. Viele Menschen wollen daher auch mit dem Rauchen aufhören, auch weil es Monat für Monat viel Geld beansprucht. Wenn eine Person mit dem Rauchen aufhört bevor sie das 44. Lebensjahr erreicht hat, dann lebt sie im Durchschnitt neun Jahre länger - das haben Experten in Studien herausgefunden.

17. Um sich etwas die Langeweile zu vertreiben, kann ein Flummi wahre Wunder bewirken. Doch wusstest du schon, dass er von einer südamerikanischen Hochkultur - nämlich den Azteken - erfunden wurde? Als materielle Grundlage dienten ihnen dabei die Pflanzensäfte des Kautschukbaums und von der kletternden Prunkwinde.

18. "Servus!", "Gude!" und "Moin" - das sind alles Dialekte für Begrüßungen in der deutschen Sprache. Doch wusstest du schon, dass auch Katzen in Dialekten sprechen? Genau das untersucht ein schwedische Forschungsprojekt, das sich "Meowsic" nennt.

19. Manche Frisuren kommen immer wieder. So ist es auch beim Vokuhila, der sein größtes Hoch in den 1980er Jahren hatte und nun in den 2020er Jahren seine Renaissance feiert. Tatsächlich hat der Vokuhila seinen Ursprung jedoch nicht in irgendeinem Friseursalon, sondern in den früheren Kulturen Mesopotamiens (heutiges Syrien und Irak).

20. Wie schön wäre es bloß, wenn sich alles um Schokolade drehen würde? Ist man beim US-Lebensmittelkonzern Mondelez International angestellt, dann kann man den Berufstitel "President Global Chocolate" erlangen.

21. Vielleicht hast du schon etwas von Voodoo gehört. Dabei geht es viel um Mächte, Geister und Gottheiten. Besonders in Teilen Afrikas und in der Karibik ist Voodoo sehr populär. Der Karibikstaat ist aber tatsächlich das einzige Land weltweit, in dem Voodoo eine anerkannte Religion darstellt.

22. 50 Prozent geben zu, sich in die Kinos ihr eigenes Zeug zum Knabbern mitzubringen, weil sie nicht die teuren Snacks kaufen wollen.

23. Gehst du in Deutschland auf eine öffentliche Schule, dann muss deine Familie kein Schulgeld bezahlen. In vielen anderen Ländern der Welt ist das anders, für viele Schulen und Universitäten muss dort eine Schul- beziehungsweise Studiengebühr entrichtet werden. An der Rangsit Universität in der thailändischen Hauptstadt Bangkok jedoch können Studierende die Studiengebühren auch in Reis bezahlen, wenn sie das Kind einer Bauernfamilie sind.

24. Aus dem Urlaub heraus eine Postkarte an Verwandte und Freunde zu verschicken, kann viel Spaß machen. Vor allem ist es eine enorm unkomplizierte Angelegenheit, Postkarten gibt es schließlich überall zu kaufen. Das Verschicken einer Postkarte klappt jedoch nicht, wenn du sie nach Costa Rica schickst. Dort gibt es nämlich keine

Postadressen, sodass es einer möglichst genauen Beschreibung der Umgebung auf der Postkarte bedarf.

25. Halloween- und Gruselfreunde aufgepasst: Anfang 2017 hob ein Flieger einer Airline aus Finnland von Kopenhagen aus mit der Flugnummer 666 ab, um sich auf den Weg nach Helsinki zu machen - der dortige Flughafencode lautet HEL. Der Flug verlief jedoch ohne Probleme.

26. Manche Städte in den USA sind noch sehr altmodisch, sehr konservativ. In dem US-amerikanischen Bundesstaat Arizona ist es Frauen in der Stadt Tucson beispielsweise untersagt, Hosen zu tragen.

27. Was ist typisch an einem Garten? Die vielen Bäume, die Blumen oder doch das Gras? Das kann natürlich alles in einem Garten vorkommen, vieles davon ist auch typisch für einen Garten. Doch richtig charakteristisch für einen Garten, insbesondere in Europa oder in den USA, ist der Gartenzaun. Zum ersten Mal umzäunten Menschen schon im Jahr 1500 v. Chr. ihr Eigentum.

28. Das Märchen "Pinocchio" vom italienischen Schriftsteller Carlo Collodi kennen wohl die meisten Kinder. Lügt die namensgebende Titelfigur des Märchens, dann gewinnt dessen Nase an Länge. Betrachtet man es statistisch, so lügt jeder Mensch alle 4,8 Minuten, das ist 300-mal am Tag. Kaum auszudenken, wie lang dann die Nase von Pinocchio tatsächlich wäre.

29. Schnelle Sportwagen verbindest du vermutlich mit den Fußballstars und Formel-1 Piloten. In Dubai, einem Land,

das sich auf der Arabischen Halbinsel befindet, fahren jedoch auch Polizisten Lamborghinis und andere schnelle Flitzer. Der Grund ist ebenso so simpel wie genial: Damit holen sie Raser ein, die sich nicht an die lokalen Geschwindigkeitsbeschränkungen halten.

30. Wieder Dubai, aber ein anderer Fall unnützen Wissens. Gehen wir in Deutschland oder in anderen Ländern zur Bank, dann heben wir dort Geld in Scheinen ab. Anders ist das aber in Dubai. Hier können an Automaten auch Goldbarren als Geldmittel abgehoben werden. Das geht natürlich nur, wenn man über entsprechende Geldmengen verfügt.

31. Die Fußballweltmeisterschafft ist jedes Mal aufs Neue ein riesiges Spektakel. Obwohl Sie bereits seit 1930 alle 4 Jahre stattfindet, haben bis heute nur insgesamt 8 verschieden Länder diese für sich entscheiden können.

32. Vielleicht weißt du von Krimis, die deine Eltern schauen, dass der menschliche Fingerabdruck einzigartig ist und Straftäter daher überführen kann. Die kriminaltechnische Entdeckung des Fingerabdrucks war ein wichtiger Meilenstein für die Kriminologie weltweit. Doch nicht nur Menschen haben einen individuellen Fingerabdruck, sondern auch Affen und Koalas.

33. Schnell ausgestiegen, umgestiegen und in die nächste Bahn eingestiegen. "Oh verdammt, wieder etwas vergessen!". Vielleicht ist dir das auch schon passiert, alleine wärst du damit jedenfalls nicht. Erhebungen in London

haben gezeigt, dass in der Londoner U-Bahn Jahr für Jahr mehr als 75.000 Regenschirme vergessen werden.

34. "Aye aye, Captain!". Das ist ein Ausspruch, den du wahrscheinlich sofort mit Piratenfilmen und dergleichen in Verbindung bringst. Und tatsächlich dreht sich dieser letzte Fakt dieser Kategorie wirklich um das Thema "Piraten". Die Seychellen, ein Inselarchipel im Indischen Ozean und unweit der ostafrikanischen Küste gelegen, waren in der Frühen Neuzeit ein beliebter Ort zur Rast von Piraten. Auf der Hauptinsel soll noch immer ein Schatz des französischen Piraten Oliver le Vasseur vergraben liegen, dessen Wert Experten auf 5 Milliarden US-Dollar beziffern.

Die Raumfahrt und das Universum

Das faszinierende Universum fasziniert die Menschheit schon seit Jahrmillionen. Mit Kopernikus, Ptolemäus, Kepler und Galilei wird dir der ein oder andere bedeutende Astronom früher oder später in der Schule wohl auch über den Weg laufen. Auch wenn es um das Thema der Raumfahrt geht, gibt es eine Menge spannende Fakten. Weißt du beispielsweise, wer der erste Mensch auf dem Mond war oder wann die erste Raumstation aller Zeiten ins Weltall startete? Diese und noch viele weitere spannende Fakten rund um die Themen Universum und Raumfahrt wirst du im jetzt im folgenden Teil erfahren.

1. Am 19.04.1971 war es endlich soweit: Mit der Saljut-1 startete die erste Raumstation überhaupt ins Weltall. Diese verglühte jedoch relativ schnell, sodass sie sich tatsächlich schlussendlich nur knapp ein halbes Jahr in der Umlaufbahn der Erde befand.

2. Auch wenn es dir auf den ersten Blick vielleicht etwas unerklärlich erscheint, spielte der Krieg - genauer gesagt der kalte Krieg zwischen der Sowjetunion und den Vereinigten Staaten von Amerika - eine entscheidende Rolle für die Entwicklung der Raumfahrt. Beide Supermächte lieferten sich ein technologisches Wettrennen, wer zuerst auf dem Mond landet. Der US-Amerikaner Neil Armstrong landete schließlich am 21.07.1969 als erster Mensch überhaupt auf dem Mond.

3. Höchstwahrscheinlich hast du schon einmal von den viel zitierten "unendlichen Weiten des Universums" gehört und dich vielleicht gefragt, was sich dahinter verbirgt. Das Universum ist tatsächlich ohne Grenzen und daher auch unendlich groß. Dabei gibt es im Weltall so gut wie nichts.

4. Orte im Universum, an denen sich viele Sterne befinden, werden Galaxien genannt. Nach dem heutigen Kenntnisstand der Wissenschaft gibt es mehrere Galaxien. Einer dieser Sterne von der Galaxie „Milchstraße" ist beispielsweise auch die Sonne. Die Sonne selbst hat eine Temperatur von unfassbaren 5.778 Kelvin, was umgerechnet über 5500°C ist. Nur zum Vergleich: Das warme Meereswasser an Ägyptens Küsten beträgt im Mittel 297,15 Kelvin, also ungefähr 24°C.

5. Nichtmenschliche Wesen, die in die Umlaufbahn um die Erde befördert worden sind - kann es so etwas geben? Tatsächlich. Die Hündin Laika war am 03.11.1957 das erste Lebewesen, das an Bord von einem Raumflugkörper in den Weltraum geschickt worden ist. Es handelte sich dabei um die Weltraummission Sputnik 2.

6. Doch auch andere Tiere wurden "im Dienste der Menschheit" in den Weltraum geschickt. Das erste Mal war dies mit Gordo im Jahr 1958 einem Affen vergönnt, wobei Gordo diese Reise leider nicht überlebte. Seine Artgenossen Able und Miss Baker waren mit mehr Glück gesegnet - beiden überstanden im Mai des Jahres 1959 ihre Flüge ins All, die jeweils eine knappe Viertelstunde gingen. Tatsächlich konnten während des knapp fünfzehnminütigen

Fluges neun Minuten von den Affen im Zustand der Schwerelosigkeit verbracht werden.

7. Alles hat einen Anfang - so auch das Universum. Forscher gehen davon aus, dass der Urknall den Anfang des Universums und somit später auch Leben jeglicher Form ermöglichte. Zu Beginn des Urknalls begann zudem das Universum, sich auszudehnen. Seinen Ursprung hat es dabei im Nichts gehabt, wobei der Urknall von Experten laut Schätzungen von vor 13,7 Milliarden Jahren war. Also ganz schön alt das Universum!

8. Raum und Zeit haben ihren Ursprung im Urknall. Noch immer sind sich Philosophen und Wissenschaftler darüber uneinig, was eigentlich vor dem Nichts war. Auch die (weitere) Ausdehnung des Universums wird unter Wissenschaftler vielseitig diskutiert.

9. Achtung, jetzt wird es etwas skurril: Die Schwerelosigkeit macht das Rülpsen unmöglich. Das ist auch gleichzeitig der Grund, weshalb Astronauten im Weltall wesentlich häufiger als auf der Erde mit Blähungen zu tun haben. Und zwar unabhängig davon, was sie zuvor gegessen haben.

10. In der Menschheitsgeschichte wurde für Infrastrukturprojekte (z.B. Flughäfen) schon sehr viel Geld ausgegeben. Dennoch ist und bleibt bis dato das Projekt ISS das teuerste von Menschen gebaute Projekt. Insgesamt hat der Bau der ISS mutmaßlich bis dato insgesamt 100 Milliarden Euro gekostet.

11. Was glaubst du, was ein guter Raumanzug kostet? Vielleicht 100.000 USD, vielleicht aber doch etwas weniger? Weit gefehlt, der durchschnittliche Raumanzug für einen Astronauten kostet in etwa stolze 8,5 Millionen Euro. Dies hat ganz entscheidend auch damit zu tun, dass der Raumanzug im All enormen Anforderungen ausgesetzt ist. Dazu zählt unter anderem auch, dass der Astronaut bei Weltraumspaziergängen in einer lebensfeindlichen Atmosphäre überleben muss.

12. Generell bezeichnet der Weltraum die gesamte Natur, welche sich nicht auf "den blauen Planeten" - die Erde bezieht. Ein Wort, das als Alternative zu Weltall und Universum verwendet werden kann, ist der häufig genutzte Begriff des Kosmos.

13. Im Weltraum ist ordentlich was los! Hier treten viele Gase, Elementarteilchen oder auch kosmischer Staub auf. Daneben gibt es auch Gravitationsfelder sowie magnetische und elektrische Felder im Weltraum. Ein weiteres Phänomen, was du ebenfalls im Weltraum verorten kannst, sind die sogenannten elektromagnetischen Wellen.

14. Astronaut zu werden, das schaffen nur ganze wenige Menschen. Die Trainingsdauer ist sehr lange, das Anforderungsniveau äußerst hoch und nur wenige der Kandidaten schaffen es dann tatsächlich eines Tages ins All zu fliegen. Anders als du es vielleicht vermutest, verdienen Astronauten bis zum ersten Erfolg dennoch alles andere als schlecht - nämlich im Schnitt 5000 Euro pro Monat.

15. Was jeder seit der Coronapandemie kennt, war auch schon vorher für Astronauten kurz vor dem Beginn ihrer Mission absoluter Standard. Die Rede ist von der Quarantänezeit. Diese dient bei Astronauten jedoch vorausschauend dazu, nicht zu erkranken. Dementsprechend handelt es sich bei der Quarantäne um eine zweiwöchige Selbstisolation vor dem Start einer Mission, bei der man sich als Mitglied einer Raumfahrtmission vollständig zu isolieren hat.

16. Materie, die Wissenschaftler nicht sehen oder anders deuten können, wird als Dunkle Materie bezeichnet. Diese können sie im Zusammenhang von Schwerkraft feststellen, die für das gegenseitige Anziehen von Dingen im Weltraum sorgt.

17. Manche Dinge nehmen im Alltag viel Raum ein. Wenn es um das Universum geht, dann nimmt die Sonne viel Raum im Sonnensystem ein. Dass das Universum unendlich groß ist, weißt du nun ja bereits. Tatsächlich nimmt die Sonne jedoch unglaubliche 99% des Sonnensystems an Raum ein!

18. Wenn du Dinge in ein (Größen-)Verhältnis zueinander setzt, kann das helfen, um komplexe Prozesse besser zu visualisieren und somit schlussendlich auch besser zu verstehen. Mache dich nun bereit für einen hilfreichen Fakt, der dich ins Staunen versetzen wird: Die Erde wäre nur so groß wie eine stinknormale 5-Cent-Münze, wenn im Vergleich dazu die Sonne die Größe einer normalen Haustür aufweist.

19. Nicht nur Piratenschätze oder Kronjuwelen können einen hohen materiellen Wert aufweisen, sondern auch Planeten. Das glaubst du nicht? Die Supererde, die auch bekannt als 55 Cancri e ist, ist zu einer großen Wahrscheinlichkeit von Diamanten und Graphit bedeckt. Zudem ist dieser Planet sogar doppelt so groß wie die Erde.

20. Bestimmt kennst du das unangenehme Gefühl, wenn du zur Toilette musst und die Toilette gerade durch eine andere Person besetzt ist. Aber zumindest spürst du dann, dass du zum WC musst. Bei Astronauten ist das im Weltall anders - diese spüren nicht ihre volle Blase. Dies ist auch der Grund, weshalb sie als vorausschauende Maßnahme jede zwei Stunden das WC im Weltraum aufsuchen.

21. Seit dem 20.07.2021 ist die US-Amerikanerin die älteste Person, die jemals einen zehnminütigen Raumflug absolvierte. Zu diesem Zeitpunkt war Wally Funk bereits 82 Jahre alt. Der US-amerikanische Astronaut John Herschel Glenn Jr. hingegen ist der älteste Astronaut, der jemals in die Erdumlaufbahn während einer Raummission gelangte. Er war zu dem Zeitpunkt 77 Jahre alt.

22. Was sich quer durch den gesamten Weltraum zieht, ist eine beeindruckende Stile. Zwar lassen sich ein paar Schallwellen oder auch Vibrationen feststellen, diese sind jedoch für das menschliche Gehör nicht wahrnehmbar. Der Weltraum als solcher ist jedoch ein Vakuum und daher von atemberaubender Stille geprägt.

23. Unter Multimillionären und Milliardären wird ein ganz spezielles Hobby immer populärer - die Rede ist vom

sogenannten Weltraumtourismus. Diese können an einer Vergnügungsraumfahrtmission teilnehmen - jene kostet jedoch eine unglaubliche Summe von 50 Millionen US-Dollar aufwärts. Zudem gilt privater Weltraumtourismus durch seine Emissionen als schädlich für die Atmosphäre und Treiber der Klimakrise.

24. Kannst du dir vorstellen, dass ein Planet wie eine Walnuss aussehen könnte? Wahrscheinlich nicht. Beim kleinen Planeten Pan ist genau das jedoch der Fall. Dieser hat abgestorbene Partikel von den Saturnringen im Orbit angezogen. Schon im Jahr 2007 hatten Wissenschaftler diese Theorie aufgestellt, im Frühjahr 2017 konnte sie dann per Beweisfoto bestätigt werden.

25. Wissenschaftler haben festgestellt, dass der größte aller Asteroiden im Sonnensystem einen Durchmesser hat, der in etwa 530 km beträgt. Nur zum Veranschaulichen: Dies entspricht in etwa der Luftstrecke, welche die Hansestadt Hamburg von der Großstadt Ingolstadt in Oberbayern trennt.

26. Du wusstest unter Umständen schon, dass das Sonnensystem acht Planeten hat. Doch wusstest du auch, dass alle dieser Planeten zwischen die Erde und den Mond passen würden und noch immer 8.030 km freier Raum verbleiben würden?

27. Eine Sonnenfinsternis ist ein spektakuläres Ereignis, vielleicht hast du auch schon eine Sonnenfinsternis bewusst (mit-)erlebt. Insgesamt differenzieren Experten dabei zwischen vier Varianten, nämlich zwischen der ringförmigen,

hybriden, totalen und partiellen Sonnenfinsternis. Durchschnittlich finden in etwa zweieinhalb Sonnenfinsternisse pro Jahr statt.

28. Die letzte totale Sonnenfinsternis, die in Deutschland zu sehen war, fand am 11.08.1999 statt. Erlebbar für uns Menschen wird eine Sonnenfinsternis zudem erst dadurch, dass die Sonne exakt 400-mal größer ist als der Mond, wohinge-gen sich der Mond aber 400-mal dichter an unserem "blauen Planeten" befindet.

29. Vielleicht mag es dich verwundern, aber ein Tag auf dem Planeten Venus dauert tatsächlich länger als ein Jahr auf dem Planeten Venus. Doch wie kann das sein? Der Grund hierfür besteht darin, dass die Venus nur 225 Erdentage für einen abgeschlossenen Umlauf um die Sonne braucht, wohingegen sie für das Drehen um die eigene Achse jedoch 243 Erdentage - also 18 Tage mehr - benötigt.

30. Wenn du mit deinen Freunden durch den Wald gehst, sind eure Fußspuren im Waldboden spätestens mit dem nächsten Regen weggewaschen. Auf dem Mond ist das jedoch völlig anders. Experten schätzen, dass die Stiefelabdrücke von der Mondlandung wohl auch noch in drei Millionen Jahren sichtbar sein werden. Das liegt daran, dass keine Erosion durch Wasser oder Wind auf dem Mond stattfindet.

31. Dass sich das Universum ausdehnt, wird als Entdeckung zumeist dem US-Astronom Edwin Hubble zugeschrieben. Dieser vermaß mithilfe eines Großteleskops den Himmel von Kalifornien aus. Der tatsächliche Entdecker war jedoch

Georges Lemaître, der jedoch in der Folgezeit nach seinem Wirken weniger präsent als Hubble im öffentlichen Diskurs gewesen ist und deswegen oftmals vergessen wird.

32. Vielleicht hast du dich schon gefragt, in welcher Entfernung von der Erde der Weltraum beginnt. In 100 km, wo die Luftschicht endet, wird der Beginn des Weltalls von Experten benannt. Da das Nichtvorhandensein von Luft das Streuen von Sonnenstrahlung verhindert, ist das Weltall dunkel und hat viele kleine Sterne, die allesamt grell leuchten.

33. Im Weltall erstmal schön Spaghetti mit Tomatensoße kochen, dazu vielleicht mit etwas Parmesan und Schnittlauch das Gericht noch reizvoll garnieren? Das ist für Astronauten im Weltraum nicht möglich. Stattdessen müssen sie auf dehydrierte und gefriergetrocknete Speisen zurückgreifen. Von Vorteil ist dabei auch, dass diese nur wenig Stauraum brauchen.

Absurde Weltrekorde

Für jede Eigenschaft und jede Begabung gibt es Weltrekorde. Davon magst du manche als gewöhnlich erachten, wohingegen manche jedoch völlig absurd und seltsam erscheinen mögen. Doch nicht selten sind das genau die Weltrekorde, die am ehesten in deinem (Langzeit-)Gedächtnis bleiben. Um dir einen Überblick über verschiedenste Bereiche zu geben, werden dir die nun folgenden Fakten einen weltweiten Überblick über die absurdesten Weltrekorde überhaupt geben. Schreibe dir gerne ein paar davon auf und erzähle sie deinen Freunden. Diese werden es dir vielleicht erst nach dem eigenen Recherchieren glauben.

1. Gleich zu Beginn ein Fakt, den man sich vielleicht gar nicht allzu bildlich vorstellen möchte - dennoch ist die Vorstellung jedoch wahnsinnig skurril. Der Inder Radha Kant Bajpai hält den Rekord für die Person mit den längsten Ohrhaaren weltweit. Seine Ohrhaare schauen ganze 27,9 cm (!) aus seinen beiden Ohren heraus.

2. Bitte Folgendes nicht nachmachen! Darren Taylor ist Rekordhalter im sogenannten Bauchklatscher-Springen. Dabei sprang er in einen nur 30 cm tiefen Pool und das aus einer Höhe von 11,50 m.

3. Ob das wohl auch Popeye geschafft hätte? Der Malaysier Rathakrishnan Velu zog im Jahr 2007 ganz alleine eine Eisenbahn - und zwar bloß mit seinen Zähnen! Die besagte Eisenbahn wog knapp 297 Tonnen. Schlussendlich zog er

sechs Eisenbahnwaggons und drei Loks über eine beeindruckende Länge von 2,80 Meter.

4. Jetzt wird's romantisch! Obwohl, vielleicht doch nicht. Es geht nämlich um den Rekord im Dauerküssen, einer Disziplin, die vor allem ein gutes Durchhaltevermögen der beiden Teilnehmenden erfordert. Ein Paar aus Thailand - Ekkachai und Laksana Tiranarat - erreichte eine Dauerkusslänge von 58 Stunden und 35 Minuten, womit sie als weltweite Rekordhalter gelten.

5. Der nächste Rekord ist ... anders. Aufgestellt wurde er vom Australier Graham Barker. Insgesamt zwanzig Jahre sammelte dieser Textilreste in seinem Bauchnabel. Schlussendlich schaffte er es als Rekordhalter sogar ins das renommierte Guinesss Weltrekordbuch, da er 22,1 g in seinem Bauchnabel "sammeln" konnte.

6. Der nächste absurde Weltrekord hat die Bezeichnung "absurd" wohl absolut verdient. Vielleicht schüttelst du dir gleich sogar den Kopf, einfach weil der Sinn dieses Rekords mit Argusaugen gesucht werden muss. In den USA stellte Ashrita Furman in einem New Yorker Café dadurch einen Rekord auf, dass er mit seinem Kopf 80 Eier zerdrücken konnte.

7. Hast du schon probiert mit Cola und Mentos eine Fontäne zu erzeugen? Falls ja, warst du aber wohl nicht ganz so extrem im Versuchen wie die Studierenden der School of Business Administration Turiba in der lettischen Hauptstadt Riga. Diese erzeugten unfassbare 1.911 Mentos-

Soda-Fontänen gleichzeitig. Und eigentlich sollte damit nur ein Schuljubiläum gefeiert werden.

8. Wir haben ja alle schon oft vom vielbesungenen Zwiebelprinzip gehört, das im Winter vor dem Frieren schützen soll. Aber wohl die Wenigsten werden daraus eine Challenge gemacht haben. Anders war es bei Jef Van Dijk . Dieser trug die meisten T-Shirts zur gleichen Zeit, nämlich unfassbare 227 Stück, womit er einen neuen und gleichzeitig völlig absurden Weltrekord aufstellen konnte.

9. An einer Kletterwand zu klettern, kann enorm viel Spaß machen. Doch auf Dartpfeilen zu klettern? Bitte was, das soll gehen? Da hast du richtig gehört, der damals nur 13-Jährige Maiko Kieswetter aus Hamburg hat zunächst in eine Wand Dartpfeile geschossen, wobei er anschließend mithilfe dieser Dartpfeile die Holzwand erklimmen konnte - im Endeffekt hat er es durch seine spezielle Technik geschafft, unfassbare fünf Meter auf Dartpfeilen hochzuklettern.

10. Wieder ein Weltrekord, der total absurd ist und wirklich nicht nachgemacht werden sollte (Spoiler: Auch des Tierwohls wegen). Der Brite Ken Edwards schaffte es jedoch tatsächlich, sich 47 Ratten in die Unterhose vor Publikum zu tun, womit er sich einen maximal skurrilen Weltrekord sicherte.

11. Einen unfassbaren Rekord in einem digitalen Feld konnte sich Marcel Fernandes Filho sichern, der sich den Rekord als schnellster Texter überhaupt sichern konnte. Dabei gelang ihm sogar, den vorherigen Rekordhalter (das war

auch schon er selbst!) zu schlagen. Besonders beachtlich ist, dass er zum Zeitpunkt seines Rekordes erst 17 Jahre alt war.

12. Nicht nur mit seinen Zähnen lassen sich offenbar (mit viel Training!) schwere Lasten ziehen, sondern auch mit den Haaren. Dies gelang dem damals 59-jährigen Manjit Singh, der aus dem britischen Leicester stammt. Er schaffte es, allein mit seinen Haaren einen 8,5 Tonnen schweren Doppeldeckerbus zu ziehen.

13. Hast du schon einmal trainiert und geübt die Luft lange anzuhalten? Für das Tauchen unter Wasser ganz bestimmt. Dem Schweizer Peter Colat gelang in St. Gallen in der Schweiz im Februar jedoch ein ganz außergewöhnlicher Weltrekord. Er hat es geschafft, die Luft ganze 19 Minuten und 21 Sekunden anzuhalten.

14. Auch wenn sie schon des Öfteren kopiert wurde und wohl das bekannteste Gemälde überhaupt auf der ganzen Welt ist, so groß war sie jedoch noch nie: Einem Briten gelang in Wrexham (Wales) die größte Reproduktion weltweit von der berühmten "Mona Lisa", die aus den Händen Leonardo da Vincis entstammt. Sie hat eine unglaubliche Größe von 240 qm.

15. Der größte Hund der Welt ist zwar eine deutsche Dogge, lebt aber in dem US-Bundesstaat Arizona mit seinem Besitzer Dave Nasser. Mit einer stattlichen Schulterhöhe von 1,09 m wurde George als größter Hund der Welt ausgezeichnet.

16. Jetzt musst du aufpassen, es wird extrem: Garry Turner, der aus England stammt, kann seine Haut auf eine Länge von insgesamt 15,8 cm dehnen. Diese Fähigkeit ist jedoch weder gewollt noch antrainiert, ganz im Gegenteil. Der Brite leidet unter dem sogenannten Ehlers-Danlos-Syndrom, welches eine Bindegewebeerkrankung ist, die aus genetischen Gründen auftreten kann.

17. Isst du am Morgen auch gerne mal ein Toast zum Frühstück? Mit dem Toaster des Briten Freddie Yauner würde es definitiv ein ganz besonderes Erlebnis werden. Nicht nur wird der von ihm konstruierte Toaster allein durch Kohlenstoffdioxid betrieben, auch springt der fertige Toast mehr als bloß beachtliche 2,60 m in die Höhe.

18. Was tut man, wenn das Trabiauto nicht mehr angehen will? Richtig, man baut zehn zerlegte Trabis aneinander und konstruiert so den weltweit längsten Trabi. Das dachte sich zumindest eine Gruppe von Trabi-Fans. Dieses ganz spezielle Trabi-Cabriolet schaffte es insgesamt 15 Personen bei einer Geschwindigkeit von 25 km/h von A nach B zu transportieren. Insgesamt verfügt das Trabi-Cabriolet über eine Gesamtlänge von 13,11 m.

19. Auch beim Kochen kann es zu absolut seltsamen Weltrekorden kommen. Einer davon ist ein Versuch aus Jena im Mai des Jahres 2010, bei dem ein Kollektiv aus Menschen probierte, in Koproduktion den weltweit größten Kartoffelkloß zu kochen.

20. Zwei leidenschaftliche deutsche Biker haben im Harz im Jahr 2007 das weltweit schwerste Motorrad gebaut, das

insgesamt unfassbare 4740 kg wiegt. Um dieses Motorrad zu bauen, wurden mehr als 5000 Stunden Arbeit des leidenschaftlichen Biker-Duos benötigt. Zwar ist das Motorrad fahrtüchtig, für den deutschen Straßenverkehr ist es jedoch nicht zugelassen.

21. Monopoly ist ein Gesellschaftsspiel, was du vielleicht schon des Öfteren mit deiner Familie oder mit Freunden gespielt hast. Im August 2008 fand das weltweit größte Monopoly-Spektakel aller Zeiten statt, bei dem sich in insgesamt elf internationalen Städten Teilnehmer gleichzeitig zum Spielen des berühmten Gesellschaftsspiels trafen.

22. Bei dem nächsten Weltrekord werden höchstwahrscheinlich deine Eltern vehement widersprechen, diesen nachzumachen. Drei Niederländer wagten im September 2009 den Versuch, einen Rekord im Dauerfernsehen aufzustellen. Der 28-jährige Efraim van Oeveren hielt schlussendlich mit 86 Stunden Dauerfernsehen am Stück am längsten durch und gilt seitdem als offizieller Rekordhalter.

23. Deutlich sportlicher geht es nun beim nächsten verrückten Weltrekord zu. Im April 2008 gelang es einer engagierten Gruppe von 300 Kindern, einen Weltrekord im Hula-Hoop aufzustellen.

24. Souvenirs ganz spezieller Art brachte der Chinese Wang Guohua in seine Heimat mit, aus denen er ein absurdes Kunstwerk fertigte. Wang Guohua hat insgesamt mehr als 30.000 Zigarettenschachteln aus zehn Ländern gesammelt, aus denen er schlussendlich ein Kunstwerk baute.

Für dieses kulturgeschichtliche Meisterwerk benötigte er sechs Jahre.

25. Im August 2009 schaffte der damals acht Jahre alte Tiger Brewer etwas, das man sich gar nicht vorstellen kann. Er stand bei einer Flughöhe von 300 Metern und einer Fluggeschwindigkeit von 160 km/h auf den Träger der Doppeldeckermaschine seines Großvaters und behauptete sich in schwindelerregender Höhe.

26. Einen actionreichen, absurden Rekord legten im November 2009 die Teilnehmer eines Wettbewerbs im 24-Stunden-Dauerrutschen hin, die in der Therme Erding in Oberbayern antraten. Um besser rutschen zu können, wurden die Rücken der Teilnehmer mit Melkfett eingerieben.

27. Auf der deutschen Insel Usedom haben im November 2009 1322 Teilnehmer den Rekord im Wassertreten gebrochen. Dabei schafften sie es insgesamt zwei Minuten durch das nur 7°C kalte Wasser der Ostsee zu stapfen.

28. Einen Rekord, der für einen wunderschönen Abendhimmel sorgte, stellten Teilnehmer der indonesischen Hauptstadt Jakarta auf. Diese schickten die bis dahin meisten Laternen gleichzeitig in die Luft. An diesem besagten Tag im Dezember 2009 waren es mehrere tausend Menschen, die insgesamt mehr als 10.000 Laternen aus Papier in den Nachthimmel fliegen ließen.

29. Jetzt wird es kalt! Im Februar 2010 gelang es entschlossenen Weltrekordan-strebenden, im US-Bundesstaat New

York in Buffalo das weltweit größte Eislabyrinth zu errichten. Insgesamt bestand dieses Eislabyrinth aus mehr als 2200 Eisplatten und zog sich über eine unfassbare Fläche, die mehr als 12.000 Quadratmeter groß war. Nur zum Vergleich: Ein Fußballplatz hat nur eine Fläche von 7140 Quadratmeter.

30. Im ungarischen Budapest haben sich im Januar 2009 tausende Menschen versammelt, als sie die größte Schneeballschlacht der Welt starten wollten. Um diesen Rekordversuch erfolgreich zu meistern, hat die Hauptstadt Ungarns extra Schnee aus seinem Nachbarland Österreich ordern lassen.

31. Im November 2008 haben sich insgesamt 116 Briten zusammengefunden, die sich nur in Unterwäsche bekleidet am Londoner Bahnhof St. Pancras trafen. Dass der Rekord schlussendlich tatsächlich trotz bitterer Kälte erreicht werden konnte, dürfte die Initiatoren dieser skurrilen Weltrekordidee wahrlich überrascht haben.

32. Vielleicht spielst du gerne ein Instrument, aber in so einem großen Ensemble hast du garantiert noch nie gespielt! Im Oktober 2007 trafen sich der Stadt Shillong, die im Nordosten von Indien liegt, insgesamt 1730 Teilnehmer. Diese bildeten zusammen das größte Gitarrenensemble der Welt, indem sie zusammen den weltberühmten Song "Knocking on Heaven's Door" des US-Sängers Bob Dylan spielten.

33. Wenn du Fußball spielst oder Fan bist, dann kennst du folgende Situation: Ein Spieler geht ungestüm in einen

Zweikampf und sieht dafür die Rote Karte. Doch kannst du glauben, dass ein Spieler schon mit dem Anpfiff (!) eine Rote Karte sah? Dies gelang im Jahr 2000 dem walisischen Amateurkicker Lee Todd, der wegen Schiedsrichterbeleidigung mit dem Anpfiff direkt vom Platz gestellt worden ist.

34. Das späteste Tor der Bundesligahistorie wurde um 23.15 vom paraguayischen Angreifer Nelson Valdez erzielt, der im Trikot des SV Werder Bremen gegen den FC Schalke 04 kurz vor Schluss am 1. Spieltag zum 1:0 Siegtreffer einnetzte. Dass das Tor erst so dermaßen spät fiel, lag an einem Stromausfall, der den Anpfiff der Eröffnungspartie der Bundesligasaison 2004/05 um rund 65 Minuten verzögerte.

Das faszinierende Tierreich

Auf der ganzen Welt gibt es Tiere, die über unglaubliche Eigenschaften verfügen. Insbesondere Tiere, die für einen Lebensraum endemisch sind, also nur an diesem Ort vorkommen, haben im Laufe der Jahrhunderte erstaunliche Eigenschaften entwickelt. So unterschiedlich wie die Menschen sind, so divers ist auch das Tierreich. Du kennst sicherlich den Fakt, dass Ameisen zu den stärksten Lebewesen überhaupt gehören, da sie das bis zu Vierzigfache von ihrem eigenen Körpergewicht tragen können. In der folgenden Faktenübersicht wirst du jedoch noch eine Vielzahl anderer, faszinierender Tierfakten hören, die dich vom Stuhl reißen werden.

1. Insgesamt gibt es vier verschiedene Giraffenarten! Das hat eine Studie von der "Giraffe Conservation Foundation" entdeckt. Nach dieser haben sich die Unterarten seit vielen Millionen Jahren nicht gekreuzt, weshalb sie auch kein genetisches Material miteinander ausgetauscht haben. Die vier eigenen Spezies, die sich stattdessen entwickelts haben, sind die Netzgiraffe, die Nord-Giraffe, die Süd-Giraffe und die Massai-Giraffe.

2. Unglaublich, aber wahr: Die Beschleunigung von 0 auf 95 km/h ist bei einem Leoparden schneller als bei einem Ferrari Enzo!! Auch andere Savannentiere sind flinker unterwegs als du es vielleicht vermuten würdest. Nilpferde erreichen an Land Spitzengeschwindigkeiten von bis zu 30 km/h.

3. Apropos Savanne: Allein die Zunge von einem Blauwal hat ein höheres Gewicht als ein ausgewachsener Elefant. Das liegt daran, dass die Blauwalzunge sehr massiv und riesig ist, sie kann ein Gewicht von bis zu 3.600 kg erreichen.

4. Kannst du dir vorstellen, dass ein Lebewesen sein biologisches Geschlecht mehrmals wechseln kann? Vielleicht nicht, doch Austern sind tatsächlich wirklich dazu in der Lage. Zunächst werden alle Austern männlich geboren, wobei die meisten von ihnen ihr Geschlecht ins weibliche Geschlecht wechseln und fortan auch nochmals wechseln werden. Somit verfügt jede Auster über die Fähigkeit, sowohl Spermien als auch Eier zu produzieren.

5. Unter ihrem Fell haben Eisbären tatsächlich schwarze Haut! Ihr weißes Fell vermag es, eine bessere UV-Absorption aufzuweisen. Schlussendlich verfangen sich die UV-Strahlen der Sonne im Eisbärenfell, wobei dies eine Lumineszenz verursacht, was es nochmals weißer wirken lässt.

6. Wie laut kannst du schreien, wenn du dich richtig stark über etwas ärgerst? Vielleicht laut, aber mit Sicherheit nicht so intensiv wie Brüllaffen, was aber kein Wunder ist. Namensgebend passt ihr Name ausgezeichnet zu ihren kehligen Lauten, mit denen sie engagiert ihr eigenes Revier verteidigen. Dabei kann der Schall dieses Schreiens eine hörbare Distanz von bis zu 4,8 Kilometern erreichen.

7. Es gibt tatsächlich auch Insekten, die keinen Magen haben. Dazu zählen Kleidermotten. Diese haben für die Verdauung einen Mitteldarm und den Kehlsack, der vom Aussehen her einem Sack ähnelt, in welchem sie Nahrung

lagern. Kleidermotten haben nur eine Lebensdauer von einer Woche. In dieser Zeit paaren sie sich und sterben nach der Eiablage.

8. Der Goldbaumsteiger ist ein Froschlurch und der Gattung der Amphibien zuzuschreiben. Dieser sieht zwar auf den ersten Blick süß aus, gehört aber zu den tödlichsten Tieren weltweit. Nur eine einzige Ration seines Gifts ist dazu in der Lage, zehn erwachsene Menschen zu töten.

9. Um ihre Körpertemperatur besser regulieren zu können, setzten Elefanten ihre großen Elefantenohren ein. Das müssen sie auch tun, da sie entsprechend ihrer großen Körpermasse auch viel Körpertemperatur produzieren. Damit diese auch gut entweichen kann, sind ihnen ihre leicht labberigen, riesigen Ohren von Vorteil. Durch die Venen von diesen Ohren kann ein Elefant sogar mehr als 9°C seiner Körpertemperatur abgeben.

10. Einer der beliebtesten Vögel ist gleichzeitig auch der weltweit kleinste Vogel - die Rede ist vom Kolibri. Vielleicht hast du ihn schon einmal gesehen und sein wunderschönes Federkleid bestaunt. Dieser winzige Vogel ist besonders flink, er kann aber mit seinen kleinen Beinen nicht laufen. Mit diesen ist er nur in der Lage, um sich seitwärts schieben zu können.

11. Was macht dich produktiv und spornt dich an? Die Aussicht auf einen Ausflug, das bevorstehende Abendessen oder ein zeitnaher Urlaub? Vielleicht ist es aber auch die Musik. Das hättest du dann nicht nur mit vielen Menschen gemein, sondern - richtig gehört - auch mit Kühen.

Forscher haben entdeckt, dass Kühe, sofern sie langsame Musik vorgespielt bekommen, im Durchschnitt mehr Milch geben.

12. Während Menschen zumeist einen Hochzeitsantrag auf Knien und großer romantischer Geste machen oder erwarten, sind Pinguine da deutlich pragmatischer - und dennoch nicht minder romantisch. Bei Eselpinguinen suchen die Männchen den am schönsten schimmernden und attraktivsten Kieselstein. Mit diesem probieren sie dann, um die Gunst ihrer Pinguinherzdame zu buhlen. Akzeptiert die Pinguindame den Antrag des Männchens, so nimmt sie den Kieselstein und legt ihn in ihr Nest.

13. Vermutlich hast du schon von dem alten Sprichwort gehört, nach dem Katzen neun Leben haben sollen. Doch wusstest du auch schon, dass der Pazifische Riesenkrake tatsächlich drei Herzen hat? Zwei der drei Herzen sorgen dafür, dass Blut in die Kiemen gepumpt wird, wohingegen das dritte Herz des Pazifischen Riesenkraken für den Blutkreislauf im Rest seines Körpers verantwortlich ist.

14. Wo die Schweißdrüsen eines Menschen liegen, kannst du herausfinden, wenn du dich sportlich verausgabst - etwa beim Schulsport. Die Schweißdrüsen bei einem Hund befinden sich hingegen an einer Körperstelle, die auf den ersten Blick etwas seltsam erscheint. Sie befinden sich an seinen Pfoten, was auch ursächlich dafür ist, dass Hunde manchmal feuchte Fußabdrücke auf dem Boden hinterlassen. Um sich abzukühlen, hecheln Hunde zusätzlich.

15. Ein besonderes Kuriosum in der Natur sind Spinnenweben, die dünner als menschliches Haar und zudem härter als Stahl in der gleichen Stärke sind. Außerdem sind sie um bis zu 30 Prozent ausdehnbar, reißen tun sie dabei dennoch nicht. Wissenschaftler haben im Zuge dessen auch herausgefunden, dass allein ein Seil aus Spinnenweben, in der Dicke eines Daumens, ein ganzes Flugzeug halten könnte.

16. Nicht nur Kolibris, sondern auch Libellen nutzen Ihre Beine nicht zum Laufen. Zwar haben die Libellen sechs Beine, so wie die meisten Insekten, doch laufen können sie damit dennoch nicht. Ihre Beine benutzen die Libellen lediglich dafür, um zu sitzen und etwas zu fassen.

17. Blitzströme haben eine ungeheure Zerstörungskraft, ein alleiniger Blitzstrom kann 100.000 Ampere oder mehr betragen. Doch auch der Zitteraal ist im Erzeugen von Elektrizität mehr als nur beachtlich. Er kann eine Strommenge von 600 Volt erzeugen, womit er sogar selbst ein Pferd oder eine Kuh ausschalten könnte. Spezielle Zellen in seinem Körper ermöglichen es dem Zitteraal, diese stromreichen Stöße zu erzeugen.

18. Wenn du an Halloween besonders gruselig aussehen möchtest, kannst du farbige Kontaktlinsen benutzen. Doch Rentiere schaffen es sogar, ihre Augenfarbe zu wechseln - und das auf einem ganz natürlichen Weg. Die Augen eines Rentiers sind im Sommer golden, während sie im Winter blau sind. Dies ist ein evolutionsbedingter

Mechanismus, damit sie besser sehen können, da im Winter weniger Licht vorhanden ist als im Sommer.

19. Man möchte es sich gar nicht vorstellen, aber natürlich kann es passieren: Eine Kakerlake wird durch einen Unfall mit einer Landwirtschaftsmaschine auf einem Feld enthauptet. Dieses Ereignis kann eine Kakerlake jedoch überleben, weil sie durch ihre Körperöffnungen atmet, was nicht von ihrem Gehirn abhängig ist. Jedoch überleben Kakerlaken nach einem solchen Ereignis nur wenige Tage.

20. Um zu schmecken, benutzen wir Menschen unsere Zunge. Auch bei den meisten anderen Tieren ist das der Fall. Anders ist das bei Schmetterlingen, die der Gattung der Insekten zugerechnet werden. Diese haben keinerlei Geschmacksnerven und auch keinen Mund, durch den sie Nahrung schmecken könnten. Für das Schmecken von Nahrung helfen ihnen lediglich kleine Sensoren an der Rückseite ihrer Beine. Diese zeigen ihnen, ob etwas verzehrbar ist oder nicht.

21. Besonders empathisch und sozial eingestellt sind Afrikanische Wildhunde. Diese geben auf die jungen, alten und verletzten Tiere ihres Rudels Acht. Futter bringen sie sogar für alte und kranke Tiere mit, umsorgen sie liebevoll und lecken auch ihre Wunden, um diese zu reinigen und den Heilungsprozess zu beschleunigen.

22. Besonders sozial sind auch Alpakas. Alpakas zählen mit zu den skurrilsten und liebenswürdigsten Tieren überhaupt, vielleicht gibt es auch bei dir in der Nähe einer der populär gewordenen Alpaka-Wanderungen. Doch bei Alpakas ist

es von größter Wichtigkeit, sie nicht alleine zu lassen. Haben sie keinen Kontakt zu anderen Alpakas, dann können sie erkranken oder gar sterben.

23. Fliegen können nicht nur Vögel, sondern auch Flugschlangen. Diese schaffen es, bis zu 100 m hoch in die Luft zu gelangen, wenn sie sich im Gleitmodus befinden. Dabei greifen sie auf die Geschwindigkeit ihres Fliegens zurück und winden ihren Flugschlangenkörper, damit sie so Auftrieb bekommen.

24. Um zu schlafen, halten Seeotter Händchen. Das ist nicht nur in der Theorie ein äußerst schönes Bild, sondern auch, wenn man dies als stiller Beobachter aus der Ferne beobachten darf. Das Händchenhalten der Otter hat jedoch einen ganz praktischen Grund: Sie tun dies, um im Wasser nicht abzudriften und von ihrer Seeotterherde getrennt zu werden.

25. Zu Hunden hast du gerade schon etwas gelernt, nun geht es um die Nasenabdrücke von den Vierbeinern. Diese sind individuell und können daher, genau wie der menschliche Fingerabdruck, genutzt werden, um einen Hund zu identifizieren.

26. Kannst du mit der Zungenspitze deine Nasenspitze berühren? Keine Sorge, wenn du dies nicht kannst. Das können nur wenige Menschen. Ein Chamäleon hingegen mit absoluter Sicherheit schon, doch dessen Zunge ist auch die längste Zunge im Tierreich. Doch damit nicht genug, die Zunge des Chamäleons kann zudem die doppelte Länge erreichen wie das Chamäleon selbst.

27. In das Wasser springen, das kann man üben. Aus dem Wasser zu springen, das hört sich jedoch gleich nach einer wirklich ernsthaften Herausforderung an. Für Schwertfische ist diese vermeintlich immense Herausforderung jedoch eine schaffbare Aufgabe, denn sie können mit einer Geschwindigkeit von bis zu 109 km/h aus dem Wasser springen. Somit erreicht der Schwertfisch beim Springen aus dem Wasser tatsächlich die gleiche Geschwindigkeit wie der Puma an Land, das das schnellste Landtier ist. Die lange und spitze Nase sowie die hydrodynamische Form des Schwertfischs begünstigen seine immense Schnelligkeit.

28. Wieder geht es um das Wasser, diesmal aber um das Schwimmen und nicht um das Springen. Garnelen, die anders als Fische keine Flossen haben, sind nur in der Lage, rückwärts zu schwimmen. Das liegt daran, dass sie zum Fortbewegen immer ihren Unterleib an ihren Körper ziehen und dabei eine stoßartige Bewegung erzeugen, mit der sie sich durch das Wasser bewegen. Durch die Gestaltung ihres Körpers lässt sich diese Bewegung nur rückwärts ausführen.

29. Anders als bei anderen Fischen, tragen bei den Seepferdchen die Männchen die Jungen aus. Damit sind Seepferdchen das einzige Tier weltweit, bei denen die Männchen schwanger werden. Paaren sich Seepferdchen, dann werden in den kleinen Sack des Männchen Eier von dem Weibchen gelegt, wodurch das männliche Seepferdchen schwanger wird. So können Weibchen ihre Eierproduktion

erhöhen und dafür sorgen, dass mehr Nachwuchs entstehen kann.

30. Richtige Sprungweltmeister sind Flöhe. Diese schaffen es, in eine Höhe zu springen, die mehr als das Hundertfache ihrer eigenen Körperlänge ausmacht. Um diese beeindruckende Sprungleistung zu erreichen, benutzen die Flöhe ihre Zehenspitzen als eine Art Katapult, mit denen sie sich in enorme Höhen katapultieren.

31. Sehr begabt im Springen sind auch Pinguine. Diese schaffen es, in eine Höhe von bis zu 2,7 m zu springen. Vergleicht man diese Sprungbegabung mit den Weltrekordhaltern im Hochsprung bei den Menschen, dann verfügen Pinguine über eine dreimal so hohe Sprungfähigkeit wie Menschen. Um diese enorme Sprungleistung hinzubekommen, betten sich Pinguine unter Wasser in einen Mantel aus Luftblasen ein, welche aus ihren Federn kommen. Anschließend schwimmen sie in Windeseile an die Wasseroberfläche und brechen durch diese durch, damit sie an ihrem Zielpunkt rausgesprungen kommen.

32. Hast du jemals in deinem Leben probiert, eine Ratte zu kitzeln? Okay, das haben vielleicht auch erst die Wenigsten gemacht. Tatsächlich sind jedoch Ratten im Bereich ihres Nackens kitzlig. Wenn du sie in dieser Region kitzelst, dann geben sie lange Ultraschalllaute von sich. Diese lassen sich mit dem menschlichen Gehör jedoch nur durch ein spezielles Equipment hören.

33. Menschen haben zwei Augen, Spinnen haben acht Augen. So viel wusstest du wahrscheinlich auch schon. Doch hast

du auch schon gewusst, dass Schmetterlinge 12.000 Augen haben? Mit diesem beeindruckenden Fakt kannst du sicherlich deine Freunde beeindrucken. Die Augen der Schmetterlinge bestehen aus tausenden Gucklöchern, die mikroskopisch kleine Linsen haben. Diese erzeugen für den Schmetterling mosaikartiges Bild, sodass er sich in seiner Umgebung orientieren kann.

Interessante Fußballfakten

Keine Sportart ist so populär wie der Fußball. Weltmeisterschaften gelten als die Ereignisse, die auf der gesamten Welt eine enorm hohe Relevanz besitzen - unabhängig davon, ob man sich in Südamerika, Asien oder in Europa befindet. Natürlich sind im Zuge der Erfolgsgeschichte des Fußball schon viele skurrile Dinge passiert. Dass das Fußballspiel, so wie du es heute kennst, völlig anders ist als der wilde, regellose Fußball in seiner Entstehungsgeschichte im Europa des 19. Jahrhunderts, wirst du im Folgenden kennenlernen. Neben einigen seltsamen Fußballregeln werden auch die Ursprünge des frühen Fußballs in China, Skurriles von den großen Turnieren und die witzigsten Aktionen von Fußballspielern thematisiert werden.

1. Der Vatikan, das ist das kleinste Land der Welt. Es hat nur die Größe von 62 Fußballfeldern, befinden tut es sich in der italienischen Hauptstadt Rom. Die Peterskirche, das religiöse Zentrum von Katholiken, ist die größte christliche Kirche weltweit. Obwohl im Vatikan nur 825 Menschen (Stand 2019) leben, hat der Vatikan eine eigene Fußballmannschaft. Sein Fußballteam ist jedoch kein Mitglied der FIFA. Dennoch bestreitet der Vatikan Fußballspiele - meistens gegen den Ministaat Monaco.

2. Seine Ursprünge hat der Fußball nicht in Europa, sondern in Asien. Genauer gesagt in China. Hier wurde das Spiel, das seinerzeit noch "Tretball" hieß, vor etwa 2.200 Jahren erfunden. Seitdem mauserte sich der Fußball zu einer

globalen Erfolgsgeschichte, die jedoch erst seit Beginn der FIFA-Fußballweltmeisterschaft in Uruguay im Jahr 1930 ordentlich an Fahrt aufnahm.

3. Wenn du im Fernsehen ein Fußballspiel siehst, dann bist du bestimmt auch von den makellos erscheinenden Fußballfeldern tief beeindruckt. Hier erscheint es meistens so, als wäre der letzte schlecht wachsende Grashalm noch mit der Schere entsprechend korrigiert worden. Bis zum Jahr 1896 gab es jedoch in Deutschland noch Fußballfelder, auf denen sich Bäume befanden.

4. Fußball ist ein Spiel für die Massen. Ein Spiel, das auch für Respekt, Toleranz und Offenheit steht. Umso skurriler, dass im totalitären Staat Nordkorea, genauer gesagt in Pjöngjang mit dem Rungrado 1st of May Stadium, das größte Fußballstadion weltweit steht. Insgesamt verfügt dieses riesige Stadion über eine Kapazität für 150.000 Menschen.

5. Die Fußballweltmeisterschaft in Katar ist höchst umstritten. Daher ist es ebenso witzig wie auch traurig, dass extra für das Eröffnungsspiel der Weltmeisterschaft im Wüstenstaat mit Lusail eine Stadt aus dem Boden gestampft worden ist, die vor der WM nicht einmal existierte.

6. Wirklich witzig ist dahingegen, dass Sir Arthur Conan Doyle, der Autor der weltweit erfolgreichen Romanreihe Sherlock Homes, einer der Gründer sowie sogar der erste Torhüter des Fußballklubs Portsmouth FC gewesen ist. Beachtlich ist zudem, dass der Portsmouth FC in der

Folgezeit sogar den Titel in der Premier League sowie den FA-Cup holen konnte.

7. Du weißt vielleicht, dass der Äquator den Globus in eine Nord- und eine Südhalbkugel unterteilt. Doch mit Sicherheit wusstest du noch nicht, dass sich auf ebenjener Linie die Mittellinie von einem Fußballstadion befindet. Genauer gesagt die Mittellinie eines Fußballstadions in Brasilien, das sich im Norden Brasiliens in Macapá nahe der Äquatorlinie befindet. So kommt es in jedem Match zu der unfassbar seltsamen Situation, dass sich beide Teams vor dem Anpfiff auf entgegengesetzten Hemisphären befinden - ein Team auf der Nordhalbkugel, das andere Team auf der Südhalbkugel.

8. Lustig ist bei diesem Fakt nicht, was passierte, sondern das es tatsächlich passierte. Im Jahr 2013 eröffnete CR7, auch bekannt unter seinem Geburtsnamen Cristiano Ronaldo, in seiner portugiesischen Heimatstadt Funchal ein Museum, welches sich einzig und allein mit ihm selbst beschäftigt - mit dem Fußballsuperstar Cristiano Ronaldo.

9. Kennst du einen Fußballer, der ein Tor schoss, sich dies aber im Nachgang als nachteilhaft für ihn erwies? Ein skurriler Fall für dieses Geschehen ist Ahn Jung-Hwan, der mit seinem Tor und Siegtreffer für Südkorea gegen Italien Südkorea das Weiterkommen sicherte und somit eigentlich zu einem richtigen Helden avancierte. Da er jedoch zur selben Zeit bei einem italienischen Klub unter Vertrag stand, erwies sich das Tor für ihn als Nachteil. Der Eigentümer des Vereins meinte, dass er keinen Spieler bezahlen

kann, der durch das Tor für den ruinierten italienischen Fußball verantwortlich sei.

10. Natürlich gibt es im Fußball ein paar elementare Regeln, die schon ab den Bambinis gelten. Dazu zählt zwar nicht die Abseitsregel, die findet meist erst in der C-Jugend bei den Jugendteams Einzug. Aber mit Sicherheit das Handspiel, ansonsten wäre es ja auch Handball und nicht Fußball. Tatsächlich dauerte es jedoch in der Anfangsphase des Fußballs in Europa drei Jahre bis nach Einführung der ersten Regeln im Fußball auch das Handspiel offiziell verboten wurde.

11. Wenn du ein Lieblingsteam hast, dann schaust du vielleicht manchmal auf das Torverhältnis des Teams. Eigentlich greift immer die einfache Regel, dass ein positives Torverhältnis, also mehr geschossene Tore als kassierte Tore, gleichbedeutend ist mit einer guten Tabellenplatzierung und das eine schlechte Tabellenplatzierung genau das Gegenteil bedeutet. Dies sollte man jedoch nicht Fans von Manchester City erzählen. In der Saison 1937/38 hatte der englische Klub in der Football League First Division zwar mit 80:77 Toren ein positives Torverhältnis, stieg schlussendlich dennoch ab.

12. Auch Profifußballer haben eine Geburtsurkunde. Dort steht auch angegeben, an welchem Ort sie geboren worden - also z.B. "Rosario" beim siebenfachen Ballon d'O-Gewinner Lionel Messi. Bei Rio Mavuba war das jedoch anders. Bei ihm war "Auf Hoher See" in der Geburtsangabe angegeben worden. Dies liegt daran, dass er in

internationalen Gewässern auf einem Boot das Licht der Welt erblickte.

13. In Deutschland haben schon viele deutsche Trainer den Meistertitel in der 1. Bundesliga erreicht. Dazu zählen unter anderem Jupp Heynckes, Thomas Schaaf und natürlich auch Jürgen "Kloppo" Klopp. Doch tatsächlich war es noch keinem englischen Trainer vergönnt, den Titel der englischen Meisterschaft zu holen.

14. Auch wenn manche Spieler als "Abseitskönige" gelten, darunter etwa "Kugelblitz" Ailton, gibt es auch das komplette Gegenteil. Dabei handelt es sich nicht einmal um einen Spieler, der durch sein gehemmtes Offensivspiel nie ein Tor zu erzielen wusste, ganz im Gegenteil. Der ehemalige Weltfußballer Zinédine Zidane wurde im Laufe seiner Karriere nicht ein einziges Mal aufgrund einer (vermeintlichen) Abseitsstellung zurückgepfiffen.

15. Jetzt wird es richtig schräg: Den Titel der spanischen Copa del Rey - ein Äquivalent des DFB-Pokals in Deutschland - konnte im Jahr 1927 ein Team nennen, das sich Klub Motherwell nennt. Dieser Klub kommt jedoch keinesfalls aus Spanien und ist besonders religiös, beim Klub Motherwell handelt es sich um einen Fußballverein aus Schottland.

16. Während an vorderer Stelle schon das Torverhältnis thematisiert wurde, geht es bei diesem Fakt um die erzielte Menge an Toren. Diese lag für den AC Milan in der Serie A in der Saison 1993/94 mit 36 Toren nach 34 spielen zwar auf einem sehr niedrigen Niveau, dennoch holte der AC

Milan die Meisterschaft. Das lag auch daran, dass das Team aus Mailand nur sensationsverdächtige 15 Gegentreffer während der besagten Spielzeit hinzunehmen hatte.

17. Was fällt dir als erster Punkt ein, wenn du an den Fußball denkst? Dass er multikulturell ist, dass dort immense Summen fließen? Der Fußball ist ein Aushängeschild für die Globalisierung, auch wenn die Bestrebungen manchmal Überhand nehmen und Transfers ohne Ausbildungsgedanken getätigt werden. Obwohl die brasilianischen Fußballer vielerorts ein Zauberfußimage haben, hat der englische Verein Leicester City in seiner gesamten Vereinsgeschichte noch nie einen brasilianischen Spieler verpflichtet.

18. Apropos brasilianische Zauberfußkicker: Besagte Fußballer der brasilianischen Seleção haben es noch nie geschafft, ein Länderspiel gegen die Auswahl Norwegens zu gewinnen. Bis dato schaffte es der fünfmalige Weltmeister tatsächlich nur, zwei Unentschieden gegen Norwegen zu holen. Die beiden anderen Spiele gegen das Team aus Skandinavien wurden verloren.

19. Diesen lustigen Fakt kannst du all deinen Freunden erzählen, die es wahrscheinlich beim ersten Mal Hören gar nicht glauben werden - aber es ist tatsächlich wahr. Am 11.11.1987 gelang es Mark Hughes, an ein und demselben Tag zwei Spiele für zwei verschiedene Mannschaften zu bestreiten. Zuerst stand er bei einem EM-Qualifikationsspiel gegen Wales auf dem Rasen, anschließend duellierte

er sich mit seiner Mannschaft, dem FC Bayern München, mit Borussia Mönchengladbach.

20. Obwohl die italienische Fußballlegende Francesco Totti insgesamt 24 Jahre Pflichtspiele für seinen Herzensklub - die AS Roma - absolvierte, gelang ihm nur genauso viele Serie-A-Titel wie dem dänischen Stürmer Nicklas Bendtner, der nur neun Spiele in der Serie A bestritt. Totti hingegen hat 618 Pflichtspiele für die Roma in der Serie A bestritten.

21. Die Topteams in den europäischen Topliegen dominieren zumeist schon seit Jahren die Ligaspitze und sorgen daher dafür, dass der Meisterschaftskampf relativ einseitig ist. Das krasse Gegenteil stellt hier jedoch der FC Chelsea aus London in Großbritannien dar, der genauso oft den Meistertitel holen konnte, wie er aus der Premiere League abstieg - nämlich insgesamt sechsmal.

22. Die Weltmeisterschaft für das eigene Land spielen zu dürfen, ist für viele Fußballer die größte Ehre überhaupt. So war es auch bei Dejan Stankovic, der jedoch aufgrund von politischen Entwicklungen in seinem Heimatland im Laufe seiner Karriere für insgesamt drei "unterschiedliche" Nationen bei Weltmeisterschaften auflief. So spielte er zunächst für Jugoslawien, dann für Serbien-Montenegro und zuletzt für Serbien.

23. Dass der Schwede Zlatan Ibrahimovic eine Fußballikone ist, weiß nahezu jeder Mensch. Dafür braucht man sich nicht einmal für Fußball zu interessieren, da Zlatan Ibrahimovic stets ein großes mediales Interesse um sich zu

erzeugen weiß. Tatsächlich hat aber eben dieser sehr selbstbewusste Spieler zwar für sechs Klubs, die die Champions League gewinnen konnten, gespielt. All diese Klubs haben jedoch den Titel geholt, als Zlatan Ibrahimovic nicht Teil ihres Teams war.

24. Als ein ewiges Duell zweier Weltstars wird das Battle zwischen Cristiano Ronaldo und Lionel Messi eingehen, die beide auf unvergleichliche Art und Weise auf dem Rasen zu brillieren wissen. Skurrilerweise ist nicht nur CR7 869 Tage älter als Lionel Messi, auch der Sohn des Portugiesen ist 869 Tage älter als der Sohn von Lionel Messi.

25. Neymar da Silva Sr. hat seinen Sohn Neymar Jr. genannt. Ebenjener Neymar Jr. zählt zu den bestbezahltesten Fußballern seiner Zeit und ist zudem der Star der brasilianischen Fußballnationalmannschaft. Hätte jedoch auch Neville Neville seinem Sohn seinen Namen gegeben, dann würde dieser nicht Gary Neville heißen, sondern Neville Neville Jr. und wäre wohl dezent davon begeistert.

26. Manche Nationen stehen für eine klare Linie, was sie auch im Fußball demonstrieren wollen. Ein Beispiel dafür stellt die Fußballnationalmannschaft Indiens dar, die sich zwar aus eigener Arbeit heraus für die WM 1950 qualifizieren konnte, aber an der späteren WM nicht teilnahm. Der entsprechende Grund ist aus der Retrospektive ebenso tragisch wie lustig. Die FIFA verbot der indischen Nationalmannschaft, Spiele barfuß zu bestreiten. Daraufhin sagten diese ihre Teilnahme an dem Turnier ab.

27. Das Cristiano Ronaldo nicht nur eine Person ist, die das Rampenlicht liebt, sondern fußballerisch ein begnadeter Spieler ist, zeigt dir der jetzt folgende Fakt. Addiert man alle Treffer von Neymar, Suarez und Messi und Ibrahimovic zusammen, so haben diese in den Halbfinalspielen der Champions League zusammen weniger Treffer erzielt als die portugiesische Fußballlegende Cristiano Ronaldo es ganz allein schaffte.

28. Nicht nur alles entscheidend war das Match in der Gruppenphase bei der WM in Brasilien zwischen den Nationalteams Uruguays und Italiens, auch zu einer denkwürdigen, denkbar skurrilen Situation kam es im Kontext dieses Spiels. Im Strafraum Italiens setzte der uruguayische Stürmer zu einer Beißattacke gegen den italienischen Verteidiger Chiellini an, die jedoch ungestraft blieb. So gelang es Uruguay, mit elf Mann auf dem Platz den Weltmeister von 2006 mit 1:0 zu schlagen und ins Achtelfinale einzuziehen.

29. Auch wenn es heute undenkbar wäre, war Fußball im 19.Jahrhundert und auch noch im 20.Jahrhundert verboten. Der Grund dafür lag darin, dass sich die Spieler oft schwer verletzten, da es noch kein Regelwerk und keinen Schiedsrichter gab.

30. Im krassen Gegensatz dazu steht der Fußball, der im 19. Jahrhundert in vielen Ländern Europas noch ohne Regeln gespielt worden ist, was durchaus sehr witzig sein konnte. Es wurde nicht einmal zwischen Spielern und Zuschauern differenziert, sodass am Ende einer Partie oftmals

hunderte Personen oder sogar ganze Dörfer bei einer Partie mitspielten. Das erste Regelwerk für den Fußball fand im Jahr 1874 in Deutschland Einzug.

31. Zu einer skurrilen Situation kam es im Jahr 2005, als ein Spieler trotz Gefängnisstrafe an einem Spiel teilnehmen konnte. Wie ihm das gelang? Er wurde zwar wegen Trunkenheit am Steuer zu einer Gefängnisstrafe verurteilt, durfte das Spiel jedoch mit einer Fußfessel antreten. Das war das erste Mal in der Geschichte des Fußballs, dass so etwas passierte.

32. Nicht alle Menschen, die Fußball spielen, machen das, weil sie eine Passion für den Fußball hegen. Lustigerweise hat eine wissenschaftliche Erhebung ergeben, dass zwar zehn Millionen Menschen in Deutschland Fußball spielen, sechs Millionen Menschen davon im Verein. Die anderen vier Millionen Menschen spielen einfach nur aus Spaß Fußball.

33. "Was kann Gott denn bitte mit Fußball zu tun haben?!", wirst du dich gleich vielleicht fragen. Der argentinische Superstar Maradona erzielte bei dem WM-Viertelfinale 1986 beim Spiel gegen England das entscheidende Tor mit "der Hand Gottes". Zwar handelte es sich eigentlich um ein irreguläres Tor, das der Schiedsrichter aber nicht als solches erkannte. So ging Maradona mit seiner "Hand Gottes" in die Geschichtsbücher ein und Argentinien und Maradona gewann nach einem packenden Finale gegen die deutsche Elf die WM in Mexiko.

Die unglaubliche Natur

Unsere Umwelt weiß zahlreiche schier unfassbare Spektakel zu bieten. Doch die Umwelt ist ebenso verwundbar, so wie sie auch wunderbar ist. Damit die unfassbare Schönheit der Natur und der Umwelt erhalten werden kann, muss das Verschmutzen der Ozeane durch (Mikro-)Plastik verhindert werden. Dabei macht die Natur das, was sie schon seit Millionen von Jahren macht. Sie erholt sich, sie ist ein einziges, buntes Wunderwerk. Doch auch wenn die Natur unfassbar regenerationsfähig ist, so muss die Natur achtsamer behandelt werden. Damit du dir besser vorstellen kannst was für ein Wunder unsere Natur ist und welche Umweltaspekte eine große Rolle spielen, oftmals aber unter dem Radar bleiben, wird darüber jetzt folgend mit spannenden Fakten zur Natur und Umwelt aufgeklärt.

1. Wenn du badest, passen in deine Badewanne im Durchschnitt zwischen 150 und 180 Liter Wasser. Das erscheint dir auf den ersten Blick vielleicht unfassbar viel, schließlich trinken wir Menschen am Tag auch nur durchschnittlich zwei bis drei Liter. Kontrastierst du das jedoch mit der Menge allen Wassers in den Weltmeeren mit fast 1,5 Milliarden Kubikkilometern Wasser, so macht die Menge sogar noch weniger aus als die eines einzigen Grashalms auf einem Fußballrasenplatz.

2. Auch wenn wir Menschen im Meer schwimmen können, schwimmt leider auch viel Müll im Meer. Berüchtigt ist das Great Pacific Garbage Patch dafür, dass diese im Pazifischen Ozean treibende Müllinsel knapp viereinhalb Mal so

groß ist wie Deutschland. Insgesamt besteht das GPGP aus schätzungsweise 80.000 Tonnen Plastikmüll.

3. Die Auswirkungen von Plastik im empfindlichen Ökosystems des Meers sind gravierend. Mikroplastik braucht mehr als 500 Jahre, bis es sich im Meer zersetzt. Verwechseln Meeresschildkröten oder Seevögel das Mikroplastik mit Nahrung, dann können sie daran sogar sterben. Es kann zum Teil in mehr als jedem dritten untersuchten Seevogel nachgewiesen werden, dass sich in dessen Magen Mikroplastik befindet.

4. Zu den Auswirkungen auf die Lebewesen im Meer von Plastik im Meer gehört auch, dass das Mikroplastik die Fortpflanzungsfähigkeit einschränken kann und somit den Rückgang von Populationen oder sogar das Aussterben einer Art zur Folge haben kann. Fischernetzte machen dabei einem enormen Anteil am Plastikanteil im Meer aus, wobei sich viele Tiere in diesen verheddern und schlussendlich in diesen Fischernetzen nicht überleben können.

5. Wahrscheinlich fragst du dich, wie all das Plastik ins Meer gelangen kann. Zum großen Teil liegt das Plastikproblem daran, dass durch den Überkonsum im globalen Norden und die damit verbundene Überproduktion im globalen Süden enorme Mengen an Abfall anfallen. Leider kümmern sich oft die Abfallverursacher nicht um eine fachgerechte Entsorgung des Mülls. Das trifft sogar auf große Firmen zu, die sich das korrekte Entsorgen des Mülls eigentlich ohne Probleme leisten könnten.

6. Einfach einzigartig und unbedingt schützenswert ist das Great Barrier Reef, das sich in Australien befindet. Dabei handelt es sich um ein riesiges Korallenriff, dass als das größte von Lebewesen erschaffene Korallenriff der Welt gilt. Im Zuge der globalen Erderwärmung ist es jedoch - genau wie hunderte andere Korallenriffe - in seiner Existenz bedroht, da Korallen auf steigende Wassertemperaturen hochsensibel reagieren und sogar absterben können. Passiert dies, verblasst nicht nur ihre wunderschöne, bunte Erscheinung, sondern mit ihr auch das ganze zirkulierende Leben voller (Mikro-)Lebewesen, was für ein gesundes Korallenriff charakteristisch ist.

7. Dass die Regenwälder dieser Erde eine ganz besonders wichtige Aufgabe erfüllen, hast du sicherlich schon in der Schule gehört. Sie haben nicht nur die Fähigkeit, große Mengen an Kohlenstoff zu speichern, indem sie Kohlenstoffdioxid aus der Luft aufnehmen und binden, sondern stellen gleichzeitig auch die Heimat eines quicklebendigen Organismus dar. Im Regenwald sind viele bedrohte Tiere beheimatet, deren Aussehen einzigartig ist.

8. Bleiben wir bei der Fähigkeit, Kohlenstoffdioxid zu speichern. Diese hat der Regenwald nämlich nicht exklusiv. Auch Mangrovenwälder, die es sehr viel in Westafrika und Südostasien gibt, sind wahre Helden, wenn es um das Speichern von CO2 geht. Tatsächlich kann ein Mangrovengebiet, das 10 Quadratkilometer umfasst, die gleiche Menge an Kohlenstoffdioxid speichern, wie es ein Waldabschnitt in den Tropen zu können vermag, der wohlgemerkt 50 Quadratkilometer groß ist.

9. Doch auch in Deutschland gibt es Landschaftsformen, die im Zuge der Klimakrise ein ganz wichtiger Baustein sein können und ebenso wie die Mangrovengebiete wahre Helden sind, wenn es um die Speicherkapazität von Kohlenstoffdioxid geht - die Rede ist von den Mooren. Leider wurden in Deutschland in den letzten Jahrhunderten 95 % der Moore trockengelegt, was große Mengen an CO2 freigesetzt hat. Moore haben nämlich die besondere Eigenschaft, das Sechsfache an CO2 wie ein Hektar Wald zu speichern. Daher gelten Sie als besonders wertvoll, wenn es um das Bekämpfen der globalen Klimakrise geht.

10. Einen wahren Schmelztiegel stellt das Wattenmeer an der Nordseeküste dar, das größte Wattenmeer weltweit. Es beheimatet mehr als 10.000 Pflanzen und Tierarten, außerdem noch jedes Jahr zehn Millionen Zugvögel, die hier rasten. Heutzutage ist das Wattenmeer nicht nur Weltnaturerbe und ein beliebter Nationalpark, es sieht sich auch einer Übernutzung durch den Massentourismus und nicht zuletzt auch der globalen Klimakrise konfrontiert, die auch das Wattenmeer bedroht.

11. Auch wenn es vermutlich schon jeder von uns komplett anders wahrgenommen hat, bekommen wir auf dem Land tatsächlich nur einen Bruchteil des weltweiten Regens ab. Der Großteil, der 90 % des Regens ausmacht, trifft auf unsere Meere. Die übrigen 10 % treffen uns auf dem Land, wobei manche Regenschauer sehr intensiv sein können - woher auch der Ausdruck "Weltuntergangswetter" kommen könnte, von dem auch du bestimmt schon gehört hast.

12. Wer liebt es nicht, im Herbst Äpfel vom reichbestückten Apfelbaum zu pflücken? Vielleicht hast du das auch schon gemacht. Die Gelegenheit dazu ergibt sich in Deutschland ja quasi an jeder Straßenecke. Allerdings wächst ein Apfelbaum am Tag weniger als zwei Millimeter, was auf den ersten Blick vielleicht gar nicht so wenig sein mag. Stellt man einen Vergleich mit den Bambuspflanzen an, die jeden Tag bis zu 90 Zentimeter an Höhe gewinnen können, wirkt das Wachstum eines Apfelbaums pro Tag doch eher gering.

13. "Wieso ist die Banane krumm?". Diese Frage ist wahrscheinlich eine der häufigsten Frage, die Kindern ihren Eltern stellen. Und was ein Glück, nun gibt es den entsprechenden aufklärenden Fakt als Antwort. Bananen benötigen UV-Strahlung, um wachsen zu können - ganz genauso wie auch andere Früchte darauf angewiesen sind. Die Bananen wachsen aus einer Staude herausgehend, welche nach unten zeigt. Das ist auch der Grund, weshalb sich die Bananen nach oben biegen. Schließlich benötigen sie das für ihr Wachstum lebensnotwendige Licht und wachsen also dem Sonnenlicht entgegen - und wachsen somit krumm.

14. Wenn es blitzt und donnert, hat man manchmal Angst. Auch Fußballspiele im Amateurbereich werden aus Sicherheitsgründen oft abgebrochen, wenn es in der Nähe des Spielfeldes stark zu blitzen beginnt. Das ist auch völlig richtig. Zum Glück treffen jedoch nur zehn Blitze von etwa 100 Blitzen, die pro Sekunde auf die Erde einschlagen, tatsächlich auch auf die Erde.

15. Wie du in einem vorherigen Kapitel bereits gelernt hast, haben Schmetterlinge tausende kleine Gucklöcher. Deshalb wird auch davon gesprochen, dass Schmetterlinge mehr als 10.000 Augen haben. Obwohl dem so ist, können Schmetterlinge tatsächlich schlechter sehen als Vögel, die nur zwei Augen haben.

16. Damit ein Sonnenstrahl von der Sonne auf die Erde trifft, muss er eine "Reisezeit" von 8 Minuten und 19 Sekunde in Kauf nehmen. Da die Sonne sich in etwa 150 Millionen Kilometern Entfernung von der Erde befindet, ergibt sich daraus schlussendlich eine Reisegeschwindigkeit von bis zu 300.000 km/h, welche die Sonnenstrahlen erreichen. Zum Vergleich: Ein Düsenflugzeug ist gerade mal dazu in der Lage, eine Spitzengeschwindigkeit von 700 bis 900 km/h zu erreichen, ein ICE schafft nur 320 km/h.

17. Wie schnell kannst du dich drehen, wenn du dich im Kreis drehst? Bestimmt schnell, aber die Geschwindigkeit, mit der sich die Erde am Äquator dreht, kannst du nicht erreichen - bei der kann einem aber zugegebenermaßen auch richtig schwindelig werden. Tatsächlich schafft es die Erde, sich am Äquator mit einer durchschnittlichen Geschwindigkeit von 1600 km/h zu drehen.

18. Erhebungen von Krankenkassen zeigen, dass die meisten Menschen sieben bis acht Stunden Schlaf pro Nacht benötigen, um sich wirklich ausgeschlafen zu fühlen. Ganz anders sieht das beim rezenten Landsäugetier, dem Elefanten, aus. Dieser braucht nur zwei Stunden pro Nacht zum Schlafen, um sich ausgeruht und gut zu fühlen. In

Extremfällen ist der Elefant sogar dazu in der Lage, mehrere Tage ohne Schlaf auszukommen.

19. Im Indischen Ozean liegt das Aldabra-Atoll, das größte Atoll im gesamten Indischen Ozean. Es gehört zu den Outer Islands der Seychellen, steht unter strengem Naturschutz und hat es aus diesem Grund auch geschafft, seine ursprüngliche Fauna und Flora in weiten Teilen zu erhalten. Dazu gehört auch die endemische Aldabra-Riesenschildkröte, von denen nach Schätzungen von Experten 100.000 Exemplare im Aldabra-Atoll leben.

20. Du hast Haare über und unter den Augen, doch kannst du dir vorstellen, dass ein Insekt seine Haare auf den Augen hat? Wohl kaum, aber bei den Honigbienen ist das tatsächlich der Fall. Dabei erfüllen die Haare auf den Augen bei den Honigbienen eine ganz praktische Funktion, indem sie - ähnlich wie die menschlichen Wimpern - die Augen der Bienen vor Pollen und Schmutz schützen.

21. Wahrscheinlich hast du schon davon gehört, dass Menschen und Affen ein relativ ähnliches Erbgut haben. Die DNA von Menschenaffen und die von uns Menschen ist zu 98 % identisch. Doch wusstest du auch schon, dass wir zu 50 % das gleiche Erbgut haben wie eine Banane? Das ist kein Scherz, auch wenn es sich auf den ersten Blick so anhören mag.

22. Ebenso verwirrend wie skurril ist der Umstand, dass Erdbeeren - botanisch betrachtet - nicht zu den Beeren zählen, sondern zu den Bananen. Das mag nicht nur auf den ersten Blick sehr verwirrend wirken, sondern auch auf den

zweiten Blick Rätsel aufstoßen. Je nach Definition kann vom botanischen Standpunkt aus die Erdbeere als Nuss betrachtet werden, die Banane als Beere.

23. Honig auf das Brot zu schmieren, hast du bestimmt schon ausprobiert. Falls nicht, solltest du es tun - es ist nämlich echt lecker. Besonders vorteilhaft an Honig erweist sich jedoch eine Eigenschaft, die relativ unbekannt ist. Theoretisch könnte auch Honig, der mehrere tausend Jahre alt ist, noch verzehrt werden. Der Grund ist ebenso simpel wie unfassbar: Honig kann nicht verderben.

24. Anders als vielleicht vermutet werden könnte, ist das Risiko bei einem Haiangriff zu sterben vergleichsweise gering. Diese kann für die USA, die zumindest sehr haireiche Küsten haben, auf 1:250 Millionen beziffert werden. So ist es tatsächlich im Endeffekt wahrscheinlicher, durch eine heruntergefallene Kokosnuss zu sterben, beim Einsatz eines Selfiesticks oder aber durch den Verzehr eines fehlgedeuteten Pilzes.

25. Denkst du an Nordafrika, denkst du vielleicht an große Karawanen, zu denen auch Kamele gehören. Karawanen kommen auch oft in Spielfilmen vor, die die nordafrikanische und arabische Welt darstellen. In der Realität ist es jedoch tatsächlich nicht nur so, dass Nordafrika und der arabische Raum viel diverser und unterschiedlicher sind als im Film dargestellt, sondern - so unglaublich es auch klingen mag - Saudi-Arabien von Australien Kamele bekommt indem sie von dort importiert werden.

26. Jetzt wird es ziemlich skurril, aber auch interessant: Einige Schildkröten sind tatsächlich dazu in der Lage, durch ihren eigenen Po zu atmen. Weichschildkröten sind dadurch fähig, ihren Sauerstoffbedarf unter Wasser zu decken. Diese ganz spezielle Hautatmung ermöglicht es den Tieren, lange unter Wasser zu bleiben.

27. Das älteste Säugetier aller Zeiten ist ein Grönlandwal, dieser hat ein stolzes Alter von 211 Jahren erreicht. Festgestellt wurde dies durch eine Gewebeprobe, die bei dem Grönlandwal entnommen und anschließend durch ein Team von Mikrobiologen ausgewertet worden ist. Auch Riesenschildkröten können ein sehr stolzes Alter erreichen. Die Riesenschildkröte Adwaitya, die in einem Zoo im indischen Kalkutta gehalten worden ist, und 256 Jahre alt wurde, gilt als ältestes Tier der Welt.

28. Als größte Tiere der Welt hingegen gelten Blauwale. Die Säugetiere können eine Körperlänge von bis zu 30 Metern erreichen und können bis zu 200 Tonnen auf die Waage bringen. Typisch für Blauwale ist, dass die Weibchen ein gutes Stück größer sind als ihre männlichen Artgenossen. Der größte bis dato gefundene Blauwal war sogar 35 Meter lang, wog etwa 190 Tonnen, war ein Blauwalweibchen und wurde in der Antarktis gefangen.

29. Licht ist für Lebewesen generell von großer Bedeutung und quasi das Elixier, damit Leben überhaupt stattfinden kann. Vielleicht hast du in der Schule auch schon gelernt, welche große Rolle die Sonne für die Photosynthese spielt. Doch auch für andere Prozesse wird Sonnenlicht

benötigt. Goldfische benötigen beispielsweise Licht, damit sich die namensgebenden Farbpigmente ihrer Schuppen ausbilden können. Bekommt jedoch ein Goldfisch zu wenig oder vielleicht auch gar kein Licht, dann verblasst seine orangene Farbpracht, da er (zu) wenig Farbe produziert.

30. Was hörst du besonders gerne? Vielleicht Musik, vielleicht aber auch ein Hörspiel. Wenn deine Antwort "Musik" war, dann herzlichen Glückwunsch - du teilst dir eine Vorliebe mit Pflanzen. Pflanzen können nämlich in ihren Zellmembranen unterschiedlich auf ganz verschiedene Geräusche und Laute reagieren. Dabei gibt es sogar manche Schallwellen, welche den Stoffwechsel von Pflanzen anregen können, sie also beim Wachstum anregen. Andere Klänge sorgen dafür, dass das Wachstum der Pflanzen blockiert wird und die Pflanzen eingehen. Bestimmt möchtest du jetzt wissen, mit welcher Musik du eure Pflanzen zum Wachsen anregst. In Untersuchungen haben Experten herausgefunden, dass klassische Musik Pflanzen besonders gut wachsen lässt. Heftige Rockmusik und Heavy Metal hindern hingegen demnach das Wachstum von Pflanzen.

31. Um sich gegenseitig verstehen zu können, muss deutlich gesprochen werden. Natürlich gilt es auch darauf zu achten, dass die gleiche Sprache gesprochen wird, sodass man sich einander verständigen kann. Das ist nicht nur bei Menschen der Fall, sondern auch bei anderen Säugetieren. Ein prominentes Beispiel stellt der Wal dar. Stimmt dieser seinen typischen Walgesang nicht in der richtigen

Frequenz an, dann können seine Artgenossen ihn schlichtweg nicht hören. So bleibt der Wal dann einsam singend, ohne dass einer seiner Artgenossen darauf reagiert. Festgemacht haben dies Experten auch an dem Beispiel eines einsamen Walweibchens, das schon seit 1992 alleine durch die Meere schwimmt und in einer Frequenz von 52 Hertz singt. Andere Artgenossen von dieses Walweibchens singen in einer Frequenz von 15 und 25 Hertz.

32. Wenn ein Gansküken aus seinem Ei schlüpft, dann hat es kein vorbestimmtes Bild von seinen Eltern im Kopf. Instinktiv laufen Gansküken in den ersten Lebensminuten auf alles und jeden zu, was Geräusche macht oder sich bewegt. Das können jedoch ganz verschiedene Subjekte oder Dinge sein. Oft ist es die Gänsemutter, es kann aber auch ein anderes Tier, gar ein Mensch oder auch ein Gegenstand sein. Haben sich die Gansküken einmal auf ihre eigens identifizierte Mutter eingelassen, folgen sie ihr fortan vertrauensvoll überall hin.

33. Der Pazifische Ozean ist das weltweit größte Meer, es hat eine Gesamtfläche von 166,2 Millionen Quadratkilometern. Zum Vergleich: Das riesige Land der USA hat "nur" eine Gesamtfläche von 9,83 Millionen Quadratkilometern. Den zweiten und dritten Rang der größten Ozeane belegen der Atlantische Ozean gefolgt vom Indischen Ozean.

Computer, das Internet und soziale Medien

Das Zeitalter in dem wir heutzutage leben, kann auch als Zeitalter der Digitalisierung beschrieben werden. Diese digitale Welt hast du auch bereits kennengelernst und interagierst vielleicht sogar tattäglich in ihr. Ein gutes Beispiel ist das digitale Lernen, zu welchem Schülerinnen und Schüler deutschlandweit während der Lockdowns gezwungen waren. Doch die digitale Welt bietet einen breiten Haufen an Chancen, gerade auch was das Lernen und Bildung allgemein betrifft. Auch das Vernetzen mit Freunden ist heute dank Messengern so einfach wie nie zuvor. Dabei spielt auch Social Media (also Instagram, TikTok und Co.) eine große Rolle. Wichtig ist, die Social Media Plattformen verantwortungsbewusst zu nutzen. Sie können für dich einen vereinfachten Zugang darstellen, um dich über das Weltgeschehen zu informieren oder Institutionen in deiner Stadt oder auch Musikstars zu folgen. Wichtig ist jedoch zu wissen, dass Social Media nie die vollständige Realität abbildet.

1. Nur weil also auf Social Media Menschen Filter benutzen, um einer gewissen Norm zu entsprechen, muss niemand in der Realität so aussehen. Es ist nicht verkehrt, wenn du Social Media in einigen Punkten auch kritisch gegenüberstehst. Mittlerweile haben sich auf Instagram, TikTok und anderen Social Media Plattformem auch populäre Accounts etabliert, die gezielt auf die Situationen und Bedürfnisse von Kindern und Jugendlichen abzielen. Diese

können ein "Safe Space" sein, also ein diskriminierungsfreier (Schutz-)Raum. Solltest du dennoch Fragen haben, ist das gar kein Problem. Das geht auch vielen Erwachsenen so. Wende dich in einem solchen Fall einfach an eine Vertrauensperson, der du deine Frage schildern kannst. Im folgenden Faktenkapitel wirkst du nun 33 interessante Fakten lernen, die sich mit der digitalen Welt und ihrer ganz eigenen Funktionsweise auseinandersetzen.

1. Das US-amerikanische Technologieunternehmen Meta vereint unter seiner Führung digitale Dienste, die weltweit tagtäglich Milliarden von Menschen nutzen. Dazu zählen insbesondere die sozialen Netzwerke Instagram und Facebook, der Messenger Whatsapp sowie Meta Quest, eine Gerätemarke für Virtual Reality. Dabei ist auch die Belegschaft von Meta dementsprechend umfangreich. Insgesamt arbeiten 71.970 Menscen (Stand Dezember 2019) für den TechRiesen.

2. Instagram ist eine weltweit beliebte Social Media Plattform, die auch und gerade bei jüngeren Menschen großer Beliebtheit erfährt. Auch wenn laut den Nutzungsbedingungen der Betreiber erst eine Anmeldung mit der Vollendung des 13. Lebensjahrs möglich ist, geben die App Stores für Instagram ein Mindestalter zur Nutzung an, das sich bei 12 Jahren bewegt. Jedoch können sich auch Menschen, die jünger als 12 Jahre alt sind, bei Instagram anmelden, da das Alter nicht überprüft wird. Wenn du jedoch jünger als 12 Jahre alt bist und dennoch Instagram nutzen möchtest, solltest du dein Vorhaben mit einem Erwachsenen wie zum Beispiel deinen Eltern besprechen.

3. Kannst du dir eine Welt ohne das Internet vorstellen? Höchstwahrscheinlich nicht, das können aber auch Milliarden anderer Menschen nicht. Doch weißt du, wann die Geburtsstunde des Internets gewesen ist? Dies war am 29.10.1969, als das erste Mal in der Geschichte der Menschheit zwei Computer miteinander verbunden waren - nämlich über eine Telefonleitung. Heutzutage wäre eine Welt ohne das Internet nicht mehr vorstellbar, viel zu sehr sind alle Bereiche des Lebens an das Internet gekoppelt.

4. Vielleicht wird dir im Laufe deines Lebens die Zahl "42" über den Weg laufen. Mit ziemlich großer Wahrscheinlichkeit sogar. Dass diese jedoch etwas mit einem Supercomputer zu tun haben soll, wird auf den ersten Blick nicht verständlich. Doch tatsächlich ist diese Zahl die Antwort, die in dem Kultroman "Per Anhalter durch die Galaxis" (von Douglas Adams) auf die Frage nach dem Sinn des Lebens, des Universums und dem ganzen Rest gegebenen wird. Für dieses (fiktive) Ergebnis brauchte der Supercomputer "Deep Thought" 7,5 Millionen Jahre, ehe er eine Antwort geben konnte.

5. Das Internet hat zwar viele Prozesse im alltäglichen Leben genial vereinfacht, manche Auswirkungen des Internets sind jedoch auch einfach nur nervig. Ein berühmter Fall davon ist Spam. Bei Spam handelt es sich um Werbung, die man nicht bestellt oder angefordert hat. Leider kommt Spam in Massen. Experten gehen sogar davon aus, dass 70 % aller Mails Spam seien. Umso wichtiger, dass es bei

EMail-Anbietern integrierte Spam-Filter gibt, die ein Überlaufen des digitalen Postfachs verhindern.

6. Jungs und Männer verbringen mehr Zeit im Internet, während sie im Schnitt 175 Minuten am Tag online sind, begnügen sich Mädchen und Frauen mit nur 125 Minuten Online-Zeit.

7. Die Nutzung sozialer Medien kann für Kinder und Jugendliche negative Auswirkungen haben, wenn es um ausreichenden Schlaf geht. Dieser ist jedoch gerade für Heranwachsende in ihrer Entwicklung von großer Wichtigkeit. Durch das Phänomen, dass ein falscher Umgang mit dem Smartphone und Social Media zu einer Quasi-Sucht ausarten kann, ist auch der Schlaf bedroht. Wenn du das Gefühl hast, dass du wegen Social Media zu wenig Schlaf bekommst, dann rede am besten darüber mit deinen Eltern oder einem Arzt. Von den Zahlen her geben 17 % aller Jugendlichen an, durch das Nutzen von Social Media manchmal Schlafprobleme zu haben.

8. Hast du schon in deiner Schule mit deiner Klasse darüber gesprochen, welche Chancen der digitale Unterricht für Schulen bedeuten kann? Nicht nur ein frühzeitiger Umgang mit den digitalen Medien kann besser stattfinden, auch können sich Schüler, die im Präsenzunterricht eher still sind, besser in das Unterrichtsgespräch einbringen. Ein ganz entscheidender Vorteil ist auch, dass die Schüler einer Klasse einfach und unkompliziert im digitalen Unterricht zusammen Gruppenarbeit machen können.

9. Du hast bestimmt schon mal davon gehört, dass Erwachsene vom "Surfen" im Internet sprachen. Dabei meinten sie aber nicht, mit ihrem Surfboard im Internet eine Welle zu reiten, denn das Internet ist ja kein analoger Raum, kein Ozean. Ein Synonym, also ein Begriff, der die gleiche Bedeutung hat, ist z.B. auch "sich durch das Internet zu klicken", wobei "im Internet zu surfen" natürlich eleganter und cooler klingt. So kam es auch tatsächlich, dass sich dieser Begriff in der Welt bis heute etablierte.

10. Die Schuldige für das "Surfen" im Internet ist jedoch die Bibliothekarin Jean Armour Polly, die im Jahr 1992 in einem Artikel für eine Fachmagazin für Bibliothekare vom "Surfing the internet" sprach. Dass sich dieser Begriff fortan in der ganzen Welt - insbesondere in Deutschland - verbreiten und manifestieren sollte, damit hat die US-Amerikanerin mit Sicherheit damals nicht gerechnet.

11. Lernst du etwas für die Schule, dann schaust du vielleicht auch manchmal praktische Erklärvideos auf YouTube, die dir komplexe naturwissenschaftliche Phänomene erklären, oder aber wie im Fall von "MrWissen2go" sämtliche relevanten Prozesse in der (jüngeren) Geschichte. Dass das erste YouTube-Video schon im April 2005 hochgeladen worden ist, ist heute kaum mehr vorstellbar. Insgesamt nutzen heute 2,56 Milliarden Menschen weltweit (Stand Januar 2022) YouTube.

12. Das Internet hat auch Auswirkungen darauf gehabt, wie sich Paare kennenlernen. Eine Plattform in den USA, die dort als die wichtigste Dating-Plattform gilt, wirbt sogar

explizit damit, dass es bereits mehr als eine Million Babys geben würde, dessen Eltern sich erst über diese Plattform kennengelernt hätten.

13. Wie lange du täglich online bist, mag unterschiedlich sein im Vergleich zur Onlineaktivität deiner Freunde. Eine wissenschaftliche Datenerhebung hat ergeben, dass die Internetnutzung von Kindern im Zuge ihrer Grundschulzeit stark zunimmt. So konnte man herausfinden, dass circa 15 % aller sechs- bis siebenjährigen täglich das Internet nutzen, bei den acht- bis neunjährigen Kindern waren es jedoch bereits schon 25% aller Kinder. Betrachtet man dann die nächsthöhere Altersgruppe, nämlich die zehn- bis elfjährigen Kinder, so sind hier tatsächlich fast 40 % aller Kinder täglich online.

14. Um einen souveränen Umgang mit den sozialen Medien zu erlangen, haben Experten verschiedene Tipps ausgearbeitet. Dazu zählt nicht nur, dass man sich ein zeitliches Limit in der täglichen Nutzung setzen sollte, sondern auch das ein Nutzen der Plattformen bei schlechter Stimmung vermieden werden sollte. Wieso das empfohlen wird? Social Media spricht das menschliche Belohnungssystem an, wobei wir uns nur kurzfristig besser fühlen. Holst du dir also durch das Surfen auf Social Media bei eigentlich schlechter Stimmung einen kurzfristigen Stimmungskick, dann wird deine Stimmung kurze Zeit danach im Keller sein - und das muss ja nicht sein.

15. Elementar für einen gesunden Umgang mit den sozialen Medien, der nicht nur für Kinder, sondern auch für

Erwachsene gilt, ist das Suchen von gesunden Vorbildern, die sich auch als "Role Models" bezeichnen lassen. Das hilft dir dabei, dich bei der Nutzung von Social Media besser zu fühlen. Du darfst nicht vergessen, dass Social Media eine Glitzerwelt ist und viele Menschen ihr Leben besser darstellen als es eigentlich ist. Umso wichtiger sind die Accounts, die sich tatsächlich authentisch geben, ihre Imperfektion zeigen und starke Vorbilder für ihre Community sind.

16. Social Media ist Social Media und nicht das echte Leben. Auch wenn viele deiner Freunde auf Social Media sind oder Sport- oder auch Musikstars, die du toll findest, musst du nicht auf Social Media sein. Ganz besonders dann nicht, wenn du noch sehr jung bist oder dich generell mit den sozialen Medien unwohl fühlst. Das ist nicht schlimm, nicht im Geringsten. Das geht auch sehr vielen Erwachsenen so. Am wichtigsten ist es noch immer, sich im echten Leben wohl zu fühlen. Das ist das Leben, auf das es ankommt.

17. Eine Erhebung von deutschen Marktforschern aus dem Jahr 2021 gab an, dass Eltern mit einem zunehmenden Alter ihrer Kinder auch ein erhöhtes Vertrauen in deren Medienkompetenz haben. Mit Medienkompetenz ist gemeint, wie gut und sicher jemand mit dem Internet, mit Social Media und anderen Onlinediensten umgehen kann. Viele Stimmen fordern sogar, ein Fach namens "Medienkompetenz" verpflichtend für alle Schüler einzuführen, um sie für die digitale Welt ausreichend zu wappnen.

18. Vielleicht kennst du schon Streamingdienste. Das sind Plattformen, auf denen man Filme und Serien ansehen kann. Es gibt sogar extra Dienste, die sich explizit an Kinder und Jugendliche richten und ein tolles, vielschichtiges Programm haben. Der größte Vorteil bei Streamingdiensten ist, dass sie ohne Werbung auskommen. Tatsächlich ist der große Streaming-Gigant, nämlich Netflix, sogar älter als die Suchmaschine Google, von der sich das Adjektiv "googeln" abgeleitet und es in den Duden geschafft hat.

19. Dass die Beziehung zu Social Media auch wirklich ungesund sein kann, zeigen nicht nur Fälle von Magersucht oder Body Dysmorphia, die durch die sozialen Medien ausgelöst wurden. Auch die Sucht nach Social Media ist ein Problem bei Teenagern, insgesamt sollen in Deutschland mehr als 100.000 Jugendliche süchtig nach Social Media sein. Das führt deutlich vor Augen, dass Instagram, TikTok, Facebook und Co nicht nur Chancen für das Vernetzen untereinander sein können, sondern auch wie andere Suchterkrankungen eine ähnliche gesundheitliche Beeinträchtigung darstellen können.

20. Die selbe Studie gab zudem an, dass sowohl Jungen als auch Mädchen zwischen ihrem zwölften und siebzehnten Lebensjahr in Deutschland im Durchschnitt zweieinhalb Stunden mit Social Media verbringen. Doch wie es so häufig ist mit einer (zu) ausschweifenden Nutzung, können auch hierbei gesundheitliche Probleme auftreten. Mediziner gehen sogar so weit, dass sie einen Zusammenhang zwischen der Abhängigkeit Jugendlicher von Social Media und einem Anstieg von Depressionen festgestellt haben.

21. Das Social Media ein zweischneidiges Schwert ist und sowohl viele Nachteile als auch zahlreiche Vorteile mit sich bringt, ist dir mittlerweile vielleicht bekannt. Tatsächlich hat es aber im Speziellen gerade Social Media geschafft, marginalisierten Gruppen eine Stimme zu geben, um sich zu vernetzen und sichtbar zu sein. Von marginalisierten Gruppen ist die Rede, wenn es um Menschen schwarzer Hautfarbe, um Menschen mit Fluchterfahrungen oder auch um Menschen mit einer von der Norm abweichenden sexuellen oder geschlechtlichen Identität geht. Auch Menschen mit Behinderung gehören zu den marginalisierten Gruppen, die von der Existenz von Social Media profitieren und ihren Kampf für mehr Gerechtigkeit auf eine neue Ebene heben können.

22. Im Zuge des schrecklichen Angriffskriegs des russischen Präsidenten Putin auf die Ukraine hast du bestimmt schon in der Schule gehrt, dass dieser Krieg ein "hybrider Krieg" sei. Doch was ist damit gemeint? Dahinter verbirgt sich die Situation, dass Russland die Ukraine nicht nur militärisch bekämpft, sondern auch durch die Propaganda in den Nachrichten durch das Verbot der Pressefreiheit in Russland und durch das bewusste Streuen von Fehlinformationen auf den Social Media Plattformen, welche die Menschen in Russland nutzen. So wird verhindert, dass die Bevölkerung Russlands neutrale, objektive Informationen erhalten kann.

23. Hast du dich mit deinen Eltern, Freunden oder Geschwistern darüber unterhalten, welche Rolle das Smartphone, beziehungsweise Social Media in eurem Alltag spielen?

Scheue nicht die ehrliche Kommunikation, ein ehrlicher Austausch bringt alle Parteien weiter. Wenn du deinen Eltern zeigen kannst, dass du dich verantwortungsbewusst im Internet bewegst, dann wirst du auch mit der Zeit immer selbstständiger im Internet sein dürfen.

24. Viele Studien haben in der jüngeren Vergangenheit zudem ergeben, dass auch das Familienleben durch zu viel Zeit am Smartphone negativ beeinflusst werden kann. Diesen Schuh müssen sich jedoch nicht nur die Kinder anziehen, sondern auch die Eltern. Wichtig ist, eine gute, ausgeglichene Offline-Online-Balance herzustellen. Klar bleibt natürlich auch, dass jemand mit tausenden Onlinefreunden, aber keinen Freunden im realen Leben, in seinem Alltag sehr einsam sein kann.

25. Das Internet hat ermöglicht, dass sich Menschen weltweit austauschen und vernetzen können. Auch das Berufsbild der digitalen Nomaden wurde geschaffen, aber dazu mehr im nächsten Fakt. Tatsächlich ist es dem Internet gelungen, Milliarden von Menschen miteinander zu verbinden. Dennoch ergab eine Schätzung der Internationalen Fernmeldeunion, dass im Jahr 2021 noch immer 2,9 Milliarden Menschen, das sind knapp 37 % der gesamten Weltbevölkerung (!), noch nie in ihrem Leben das Internet benutzt haben.

26. Unter einem digitalen Nomaden kannst du dir einen Menschen vorstellen, der an vielen verschiedenen Orten, also multilokal, arbeiten kann. Normalerweise sind digitale Nomaden Freelancer, also Menschen, die als Selbstständige

arbeiten. Viele digitale Nomaden nutzen sogenannte Coworking Spaces, um sich an einem fremden Ort mit anderen digitalen Nomaden auszutauschen. Als digitaler Nomade ist es sowohl möglich, in einer Metropole zu arbeiten als auch direkt am Strand unter Palmen. Die einzige Voraussetzung bleibt stets eine ausreichende Internetverbindung.

27. YouTube ist eine der beliebtesten Plattformen überhaupt. Durch seine enorme Popularität hat es die Plattform ermöglicht, dass Popstars wie Justin Bieber, Conan Gray oder auch Troye Sivan quasi aus ihrem Kinderzimmer heraus zu gefeierten Stars wurden und heute weltweit Konzerte spielen und aus den Charts nicht mehr wegzudenken sind. Insgesamt werden pro Minute weltweit 300 Stunden Videomaterial auf YouTube geuploadet. Hättest du das gedacht?

28. Für viele Menschen ist das Internet nicht nur deswegen nicht mehr aus ihrem Leben wegzudenken, weil sie es für das (Online-)Shopping nutzen, sondern insbesondere deswegen, weil es ein praktischer Löser für viele Probleme ist. Vielleicht kennst du die folgende Situation: Du weißt etwas nicht, aber du würdest es am liebsten sofort wissen wollen. Um in dieser Situation eine Antwort auf ihr Anliegen zu finden, nutzen Milliarden Menschen auf der Welt die Suchmaschine Google. Doch tatsächlich werden Tag für Tag immer noch Dinge gegoogelt, die vorher noch nie gegoogelt worden sind. Pro Tag machen diese Eingaben knapp 20 % aller Eingaben bei der weltweit

erfolgreichsten Suchmaschine, die ihren Sitz im Herzen von Silicon Valley hat, aus.

29. Nicht nur im Angriffskrieg Russlands auf die Ukraine, der in vielen Ebenen auch ein Cyberkrieg ist, kommt es Tag ein Tag aus zu einer Vielzahl von Hackerangriffen. Unter einem Hackerangriff kannst du dir folgende Situation vorstellen: Eine andere Person als du selbst bedient aus der Ferne deinen Rechner, dein Smartphone oder sogar ganze Netzwerke, indem sie digitale Hackertricks nutzt. Das Gute ist jedoch, dass Hackerangriffe nicht oft vorkommen und zumeist schnell aufgeklärt werden. Nichtsdestotrotz werden jeden Tag 30.000 Websites auf der ganzen Welt gehackt.

30. Eine der populärsten Apps überhaupt ist das Videoportal TikTok, welches vom chinesischen Betrieb ByteDance betrieben wird. TikTok hat nur 15 % Nutzer, die älter sind als 35 Jahre. Da TikTok jedoch von einem chinesischen Unternehmen betrieben wird und wie vergleichbare Onlinedienste auch Hate Speech nicht ganz verhindert kann, sollte auch TikTok kritisch betrachtet werden. Ähnlich wie Instagram gelingt es dennoch auch TikTok, dass sich Minderheiten auf der Plattform zusammentun und ihre Stimme gegen Diskriminierung erheben können. Beeindruckend zu sehen war dies besonders im Zuge der internationalen Onlinehashtagwelle von #blacklivesmatter, die gegen den gewaltsamen Tod George Floyds durch einen weißen Polizisten gerichtet war und eine globale Debatte um rassistisch motivierte Polizeigewalt anstieß.

31. Vielleicht ist dir, sofern du Social Media nutzt, bei der Nutzung aufgefallen, dass dir immer wieder neue Vorschläge von der Plattform gemacht werden, die deinen favorisierten Themen entsprechen. Dabei wird von dem sogenannten Algorithmus einer Social Media Plattform gesprochen. Dieser ist eigentlich nicht schlimm, auch wenn er uns oft in unserer eigenen Blase verbleiben lässt. Mit der eigenen Blase ist gemeint, dass man bei der Nutzung der digitalen Nutzung mit der eigenen Meinung dauerbeschallt wird. Manchmal ist es jedoch auch wichtig, andere Meinungen kennenzulernen. Wenn du etwas darauf achtest oder mit Freunden redest, wirst du die Wirkungsweise des Algorithmus schnell beobachten können.

32. Dass das Nutzen von mobilen Diensten viel Zeit kosten kann, zeigen Erhebungen zum Messenger-Dienst WhatsApp. Dieser gilt weltweit als der beliebteste Weg, um mit anderen Menschen über das Handy zu kommunizieren. Insgesamt hat WhatsApp zur Zeit (Stand 2022) knapp 2 Milliarden Nutzer, Diese schicken im Durchschnitt monatlich mehr als 1200 Nachrichten, bekommen wiederum pro Monat im Durchschnitt 2200 Nachrichten. Du kannst dir anhand dieser Zahlen bestimmt vorstellen, dass so eine enorme Datenflut auch eine Belastung darstellen kann. Daher ist es sehr wichtig, sich bewusst Auszeiten vom Handy zu nehmen.

33. Instagram ist ein Phänomen, was Social Media betrifft. Lange stand die Plattform im Schatten von Facebook, ehe Instagram Facebook langsam aber sicher überholen konnte, wenn es um Beliebtheit und Nutzeranzahl geht.

Heutzutage ist Instagram bei den Social Media Plattformen deutlich vor Facebook, wobei auch die Nutzer von Instagram sehr jung sind. Fast drei Viertel der Nutzer von Instagram sind 35 Jahre alt oder jünger. Mit fast 500 Millionen Followern (Stand 2022) hat der weltbekannte Fußballer Cristiano Ronaldo die meisten Follower bei Instagram.

Spannendes aus der Wissenschaft und Technik

Die Wissenschaft ist die zentrale Instanz, die in das Leben unserer Welt empirischen (also messbar, reproduzierbar und belegbar) Fortschritt bringt. Im Zuge der Coronapandemie bist du bestimmt mit Wissenschaftlern konfrontiert worden, genau wie jeder andere Mensch auch: Wissenschaftler sind Experten, die ein ganz spezielles Gebiet erforschen und sich intensiv damit befassen. Eng verflochten ist die Wissenschaft mit der Technik, die sich vielfältig in unserem Alltag mausert. Egal ob Waschmaschine, Handy, Spielekonsole, Fernseher oder auch die Bahn - alles wäre ohne die technischen Errungenschaften der letzten Jahrzehnte und Jahrhunderte nicht denkbar. Heutzutage ist die Wissenschaft zwar sehr anerkannt, das war aber noch nicht immer so. Gerade im Mittelalter wurde oftmals eher Menschen vertraut, die dem kirchlichen Weltbild folgten und nicht eigene Theorien aufstellten, sondern dem kirchlichen Narrativ folgten. Dabei spielte es dann auch keine Rolle, ob die Wissenschaftler belegbare Beweise hatten oder nicht.

2. Erst im Zuge der Frühen Neuzeit erfuhr die Wissenschaft ein Bedeutungshoch. Die Wissenschaft gibt es jedoch schon denkbar lange. Eines von vielen historischen Beispielen ist der Wissenschaftszweig der Alchemie, der schon im 1. und 2. Jahrhundert n. Chr. stattfand, in der man sich mit der Naturphilosophie auseinandergesetzt hat. Vielleicht fragst du dich manchmal auch, woher die technischen Geräte in eurem Haushalt kommen. Während

früher noch die meisten Geräte in Deutschland angefertigt wurden, so kommen heutzutage die meisten technischen Geräte aus Südostasien, genauer gesagt aus China. Das hat insbesondere damit etwas zu tun, dass dort die Lohnkosten für die Beschäftigten weitaus geringer sind. Dennoch muss auch betrachtet werden, dass die Expertise, also wertvolles (Fach-)Wissen für Technik sich auch insbesondere dort manifestiert hat, wo wichtige Zentren und große Tech-Firmen in China entstanden sind. Welche breite, spannende Palette an Fakten und interessanten Zusammenhängen Wissenschaft und Technik haben, wirst du im nun in diesem Kapitel feststellen können.

1. Auch wenn das Fernsehen heute eine Selbstverständlichkeit ist, war das nicht immer so. Selbst wenn du es dir vielleicht nur schwer vorstellen kannst, begann die Geschichte des Fernsehens in Deutschland erst im März 1935. Bis jedoch das Fernsehen wirklich das wurde was es heute ist, nämlich eine Auswahl von Fernsehprogrammen, aus welchen der Zuschauer wählen kann, sind weitere 17 Jahre vergangen. Erst im Jahr 1952 erfolgte die Ausstrahlung der ersten Fernsehprogramme.

2. Die Erforschung von Radioaktivität wurde entscheidend von der polnischen Physikerin und Chemikerin Marie Curie vorangetrieben. Gemeinsam mit Henri Becquerel untersuchte sie im Jahr 1896 die Strahlung von Uranverbindung. Im Zusammenhang dessen führte sie auch den Begriff "radioaktiv" ein, der bis heute eine hohe Relevanz hat.

3. Lokales Wissen indigener Gruppen ist manchmal wertvoller als das Wissen, was Externe (also z.B. westliche Nationen) von außen mitbringen. Was auf den ersten Blick nachvollziehbar klingt, ist dies für viele Experten oftmals nicht der Fall, manche halten sich sogar für "Heilsbringer". Im Zuge der Klimakrise haben Forschende aus dem globalen Norden (also Europa und die USA) jedoch erkannt, dass lokales Wissen für einen erfolgreichen Umgang mit dem Klimawandel, der lokal und zielgerichtet erfolgt, unverzichtbar ist. Das fängt zum Beispiel damit an, wie in Südamerika traditionell und nachhaltig gefischt oder gerodet werden kann.

4. Die griechische Antike gilt als ein Zeitalter, in dem viele bedeutende wissenschaftliche Errungenschaften entwickelt worden und Theorien aufgestellt worden sind. Maßgeblich dafür verantwortlich gilt der Grieche Aristoteles, der zwischen 384 und 322 v. Chr. lebte und als Universalgelehrter unter anderem in den Bereichen der Zoologie oder Botanik bedeutsames Wissen erlangte.

5. Bestimmt kennst du Spielekonsolen, vielleicht hast du sogar schon mit Freunden auf einer Spielekonsole ein Spiel zusammengespielt. War es früher der Game Boy, so ist heutzutage die Nintendo Switch eine der beliebtesten Spielekonsolen für unterwegs. Die Geschichte des Game Boys, der aus vielen Kinderzimmern der 1990er und 2000er Jahre kaum wegzudenken war, begann im Jahr 1989. Als die Konsole für die Hosentasche jedoch verkauft wurde, gab es sie zunächst nur zusammen mit einem einzigen Spiel - nämlich Tetris. Die Bildschirmauflösung, der

Prozessor und auch die Spielerfreundlichkeit sind damals und heute zwar komplett verschieden, dennoch schätzen viele Spieler aus Nostalgie die alten Game Boys sehr.

6. Vielleicht lügst du manchmal, das tut jedoch jeder Mensch - ob bewusst oder unbewusst. Eine Studie aus den USA aus dem Jahr 2022 ergab, dass jeder Mensch im Durchschnitt vier Mal pro Tag lügt. Interessant ist dabei, dass beim Lügen ein Muskel, der sich an der Innenseite der Augen befindet, stärker durchblutet wird. Das bedingt wiederum, dass sich die Nasentemperatur von einem Lügner erhöht. Dies wird von Wissenschaftlern auch als der "Pinocchio-Effekt" bezeichnet.

7. Die Wissenschaft hat herausgefunden, dass Säugetiere auch unter Wasser schlafen können. Natürlich nicht alle Säugetiere, aber Nilpferde sind tatsächlich dazu in der Lage, unter Wasser zu schlafen. Wahrscheinlich fragst du dich nun, wie das überhaupt sein kann, also wie die Nilpferde das bloß hinkriegen. Bei den Nilpferden sorgt ein Reflex, der angeboren ist, dafür, dass sie beim Schlafen an der Oberfläche treiben. Das tun sie, damit sie Luft holen können und wieder untertauchen - und das natürlich, ohne dabei aufzuwachen.

8. Kennst du die Olympischen Spiele? Höchstwahrscheinlich schon, schließlich werden diese immer groß und hinlänglich im Fernsehen gezeigt und besprochen. Ganz anders sieht es schon bei dem renommierten Nobelpreis aus, dessen Gewinnerkreis manchmal auch als sehr starr und elitär betrachtet wird. Dass dies jedoch gar nicht der Fall

ist, zeigt sich bei näherer Betrachtung. "Doch wo ist nun die Parallele?", fragst du dich? Nun gut, sie ist bei Philip Noel-Baker. Dieser ist der einzige Mensch überhaupt, der sowohl eine Medaille bei den Olympischen Spielen als auch einen Nobelpreis - nämlich den Friedensnobelpreis im Jahr 1959 - erhielt.

9. Hast du dich mal gefragt, wieso deine Finger aufquellen, wenn du zum Beispiel lange ein Bad nimmst? Dabei handelt es sich um eine ganz normale Reaktion deines Körpers, die ihren Ursprung in der Reaktion hat, die das menschliche Nervensystem evolutionär, also über die letzten Jahrtausende als Folge der Anpassung auf äußere Faktoren, entwickelt hat. Durch diese Reaktion erkennt der menschliche Körper, dass er sich selbst im Wasser befindet und das Aufquellen soll dann dabei helfen, eine bessere Haftung zu gewinnen.

10. Manchmal gehen Wissenschaftler so weit, dass man es schon als Grenzüberschritt bezeichnen könnte. Vielen Wissenschaftlern ist das egal, weil sie unbedingt eine bestimmte Theorie beweisen oder widerlegen wollen. Ein prominentes Beispiel aus der wissenschaftlichen Gemeinschaft stellt dafür der australische Forscher Barry Marshall dar. Dieser wollte unbedingt beweisen, dass Magengeschwüre durch Helicobacter-pylori-Bakterien ausgelöst werden und nicht durch Stress. Aus diesem Grund trank er im Jahr 1984 die Bakterien aus einem Reagenzglas, wobei er sodann erkrankte und die Erkrankung mithilfe von Antibiotika ausheilen ließ. Im Jahr 2005 wurde ihm für sein Forschungsergebnis der Nobelpreis verliehen.

11. Zu den beliebtesten Smartphones weltweit gehört das allseits bekannte iPhone. Diese wird vom Unternehmen Apple hergestellt und galt lange Zeit als das Nonplusultra auf dem globalen Smartphonemarkt. War das iPhone früher noch sehr exklusiv, eben weil es auch sehr teuer war, sind heute im Zuge von vielen neuen iPhone-Generationen und damit günstigeren Preisen bei den älteren Modellen mehr Menschen im Besitz von einem iPhone. Im Jahr 2020 gelang es Apple, das iPhone weltweit insgesamt 240 Millionen mal zu verkaufen.

12. Dass die Wissenschaft manchmal auch Grenzbereiche überschreitet, hat schon eines der vorderen Beispiele dieser Kategorie gezeigt. Einen weiteren prominenten Fall stellt dahingehend eine Wildziege dar, eine Bucardo, die ausgestorben ist. Diese wurde im Jahr 2003 in einem aufwendigen Verfahren geklont. Das war das erste Mal in der Geschichte der Menschheit, dass eine Spezies nach ihrem Aussterben wieder auf dem Radar erschien. Jedoch starb der Klon bereits sieben Minuten, nachdem er geboren wurde. So ist die Bucardo auch die einzige Tierspezies überhaupt, die schon zwei Mal als ausgestorben ist.

13. Viele Roboter bestimmen heutzutage unseren Alltag und sind praktische, raffinierte Helfer. Das können sie zum Beispiel als Saugroboter sein, als Roboter für das Rasenmähen oder auch als Roboter bei Operationen. Tatsächlich ist die Bezeichnung jedoch vom tschechischen Begriff "robota" abgeleitet, was für "gezwungene Arbeit" steht.

14. Besonders auffällig war dies in Zeiten des 2. Weltkriegs, doch auch bei anderen Weltkriegen weltweit kannst du und können Wissenschaftler diesen besonderen Effekt beobachten, die Rede ist vom Returning-Soldier-Effekt. Dabei handelt es sich um die empirische Feststellung, dass in Zeiten des Krieges auffallend mehr Jungen als Mädchen geboren werden.

15. Die Evolutionsforschung ist ein zentrales Thema in der Wissenschaft. Eine ganz interessante Beobachtung machten Wissenschaftler bei der australischen Echse. Bei dieser konnten sie feststellen, dass sie sich im Zuge der Evolution in ihrem Reproduktionsverhalten entscheidend verändert hat. War sie zu Beginn ihrer Existenz noch eine eierlegende Spezies, so wurde sie im Zuge vieler Generationen zu einer lebend gebärenden Spezies.

16. Der britische Mediziner Alexander Fleming hat zwar das Penicillin entdeckt, das später Millionen von Menschen das Leben retten sollte - ein Antibiotikum hat er jedoch nie daraus entwickelt. Viele Jahre nach der Entdeckung Flemings wurden seine unfassbaren Erkenntnisse jedoch vom australischen Pathologen Howard Florey gefunden, der die nicht greifbare Wirkung von Flemings Entdeckung erkannte. Alexander Fleming und er erhielten im Jahr 1945 für ihre Entdeckung von Penicillin den Nobelpreis für Medizin.

17. Stellst du dir manchmal einen Wecker oder wirst du von deinen Eltern geweckt? Wecken dich deine Eltern, dann sind diese aller Voraussicht nach jedoch auf einen Wecker

angewiesen. Früh am Morgen kommt niemand wirklich völlig problemlos aus dem Bett. Im Laufe der letzten Jahrzehnte sind Wecker jedoch immer ausgefeilter und besser geworden. Mit dem ersten Wecker überhaupt war auch das Aufwachen vor allem eines, nämlich unflexibel. Dieser Wecker war nämlich nur dazu in der Lage, um vier Uhr am Morgen zu klingeln.

18. Dass ein gesunder Schlaf wichtig für unser Wohlbefinden ist, ist hinlänglich bekannt. Studien haben jedoch außerdem ergeben, dass Frauen mehr Schlaf als Männer brauchen. Wenn sie diesen jedoch nicht erhalten, dann haben sie eine höhere Gefahr, dadurch gesundheitliche Schäden zu erleiden.

19. Nicht nur unsere produzierten Geräte sind technisch faszinierend, auch unser menschlicher Körper ist wie ein großes, faszinierendes Gerät - nur viel genialer und viel besser als jedes Gerät, was wir erfinden könnten. Das lässt sich auch an der Muttermilch festmachen. Deren Zusammensetzung ändert sich fortlaufend mit dem Alter des Kindes. Anders gesagt: Die Muttermilch passt sich immer an das Alter des Kindes an, so werde alle wichtigen Nährstoffbedürfnisse erfüllt und eine gesunde Entwicklung gewährleistet.

20. Schon seit jeher ist der Mensch Erkrankungen ausgesetzt. Ob die Pest im Mittelalter, die Spanische Grippe im 20. Jahrhundert oder die Covid-19-Pandemie in den 2020er Jahren. Eine Veränderung der DNA um stolze 8 % der Menschen ist jedoch auf eine Erkrankung mit Viren

zurückzuführen, wobei der Infektionsprozess mit diesen schon vor mehreren Jahrtausenden stattfand, aber in der menschlichen DNA noch immer sichtbar ist.

21. Waren lange Zeit die Overheadprojektoren in Schulen und Universitäten der Standard, so sind es heute praktische Whiteboards, auf denen auch mit dem Beamer gearbeitet werden kann. Viele Schulen arbeiten auch noch immer mit einem Overheadprojektor, wobei dieser langsam aber sicher im Zuge einer Digitalisierung der Schulen vom Beamer abgelöst wird. Mit einem Beamer und einem Whiteboard kannst du und deine Klasse in der Schule auch deutlich einfacher mit digitalen Inhalten arbeiten.

22. Du kennst das bestimmt, wenn du im Sommer Zeit im Freien verbringst und dich Mücken stechen. Das kann nicht nur unangenehm jucken und lässt sich außer durch Anti-Mücken-Spray auch nur schwer verhindern. In Island, ein Land im äußersten Norden Europas, gibt es jedoch keine Mücken. Dies führen Experten auf die einzigartigen Wetterbedingungen Islands zurück.

23. Bestimmt hast du schon oft festgestellt, dass die Umarmung eines dir nahestehenden Menschen wahre Wunder bewirken kann. Das lässt sich sogar wissenschaftlich begründen. Eine Umarmung, die sogar nur an die 30 Sekunden dauert, erhöht den Oxytocin-Spiegel im menschlichen Körper so stark, dass anschließend zwischen den beiden Umarmenden eine deutlich bessere, gefestigtere Vertrauensbasis besteht.

24. Sich bei voller Dunkelheit zu orientieren, das ist wirklich schwer. Umso besser, dass man auch eine Taschenlampe nutzen kann oder sogar das eigene Smartphone oder Tablet über eine integrierte Taschenlampenfunktion verfügt. Doch wenn man diese nicht zur Hand hat und nur die vollkommende Dunkelheit betrachtet, so wird diese Dunkelheit "Eigengrau" genannt.

25. Anders als du vielleicht denken würdest, ist kein Mensch nur die Mischung seiner Mutter und seines Vaters. Natürlich ist jeder Mensch rein charakterlich völlig einzigartig. Betrachtet man Menschen auf der genetischen Ebene, so hat jeder Mensch aber nicht nur die Gene seines Vaters und seiner Mutter in sich, sondern nach den Studienergebnissen von Wissenschaftlern auch knapp 100 Mutationen, und zwar von Geburt an.

26. Eine Studie des UCN aus dem Jahr 2012 ergab, dass pro Tag 12,4 Milliarden Anrufe getätigt werden. Unvorstellbar in einer Zeit zu leben, in der das Telefonat mit dem Handy nicht möglich war, ist es aus der Sicht der heutigen Zeit in jedem Fall. Noch unvorstellbarer ist es jedoch, dass das erste Handygespräch, was je geführt worden ist, tatsächlich erst am 01.01.1985 war.

27. Du kennst bestimmt manche Menschen, die richtige Allrounder sind. Das können Universalgelehrte in der Wissenschaft sein, das können aber auch Menschen sein, die Care-Arbeit betreiben, sich also vielfältig im Haushalt unbezahlt einbringen und etwa bügeln, kochen, aufräumen und den Haushalt machen. Der US-amerikanische

Wissenschaftler Maurice R. Hilleman war ein ein absoluter Allrounder, wenn es um das Entwickeln von Impfstoffen ging. Während seiner Karriere in der Medizin gelang es ihm, erfolgreich Impfstoffe gegen Röteln, Masern, Mumps, Windpocken, Hepatitis A und B oder auch gegen die Lungenentzündung zu entwickeln.

28. Regenbögen sind ein fantastisches Schauspiel. Vielleicht hast du auch schon von dem Mythos gehört, dass sich an jedem Ende eines Regenbogens ein Schatz voll Gold befinden soll. Einen Regenbogen kannst du dann entdecken, wenn die Sonne scheint und ein kurzer Regenschauer kommt - er ist ein komplexer, wunderschöner Prozess. Erscheint ein Regenbogen bei Nacht, so wird er als Nachtbogen bezeichnet.

29. In den 1990er Jahren waren die häufigste Fehlerursache für Raketenabstürze in der Raumfahrt Softwarefehler. Umso tragischer, dass diese erst im Nachgang auffielen. Wie tragisch diese Softwarefehler waren, lässt sich gut am Beispiel der Ariane-5-Rakte festmachen. Diese stürzte im Jahr 1996 deswegen ab, da beim Abspeichern ihrer Beschleunigung ein falscher Messwert gespeichert wurde.

30. Was nun kommt, mag vielleicht etwas seltsam klingeln. Dass die Tiefsee dunkel ist, hast du aber vielleicht schon gehört. Es gibt jedoch bereits ab einer Wassertiefe von zehn Metern kein rotes Licht. Das ist auch der Grund dafür, weshalb Blut ab dieser Tiefe nicht als rot, sondern als grün, erscheint.

31. In der Schule wird im Erdkunde- oder Sachkundeunterricht auch über die Temperatur gesprochen. Während wir in Europa und in den meisten anderen Ländern der Welt mit der Maßeinheit Grad-Celsius arbeiten, wird in den USA mit der Fahrenheit-Skala gearbeitet, die von dem deutschen Physiker Daniel Fahrenheit entwickelt worden ist. Er hat die tiefstmögliche Temperatur damals künstlich erreichen wollen, damit er so negative Temperaturwerte verhindern konnte. So wurden von ihm damals 0 Grad Fahrenheit als - 17,8 Grad Celsius definiert.

32. Die heutigen Computer sind maximal komplexe Geräte, die unseren Alltag maßgeblich gestalten. Mit ihnen kann gearbeitet werden, es können Online-Bestellungen geleistet werden und es können sogar Spiele auf dem Computer gespielt werden. Um unseren Computer aufzuladen, müssen wir seinen Akku regelmäßig aufladen oder er muss konstant an einer Stromquelle angeschlossen sein. Anders war dies bei den ersten Computern im frühen 19. Jahrhundert - diese wurden mit Dampf betrieben.

33. Einer der größten und prägendsten Wissenschaftler überhaupt war der deutsche Physiker Albert Einstein. Dabei hat er nicht nur Sonnenkollektoren entwickelt und die moderne Quantenmechanik entscheidend vorangetrieben, sondern auch die Physik nachhaltig geprägt. Zudem stellte er die bedeutsame Relativitätstheorie auf.

Sport und Ernährung

Dass eine gesunde Ernährung wichtig ist, das ist dir wahrscheinlich ohnehin schon klar. Forscher empfehlen schon seit vielen Jahrzehnten, dass das Thema der ausreichenden Bewegung nicht zu vernachlässigen ist. Gesund ist es, pro Tag circa fünf Kilometer zu gehen oder zu laufen. Da jedoch viele Wege durch Auto, Bus und Bahn mit einem Verkehrsmittel zurückgelegt werden, reduziert sich die Schrittmenge pro Tag bei vielen Menschen. Um seiner eigenen Kondition und seiner eigenen körperlichen Verfassung einen positiven Impuls zu geben, kann auch ein Spaziergang nicht schaden. Natürlich darfst du auf deinem Spaziergang, beim Schulsport oder auch beim Fußball deine Trinkflasche nicht vergessen. Viel zu trinken, ist sehr wichtig und wirkt sich positiv auf dein Wohlbefinden, deine Haut und deine Vitalität aus - außerdem kann das Trinken von zwei bis drei Litern pro Tag nachgewiesenermaßen dabei helfen, weniger oder keine Kopfschmerzen zu bekommen. Wie genau Ernährung und Sport Hand in Hand gehen und welche gesundheitlichen Aspekte bei Sport und bei der Ernährung besonders wichtig sind, wirst du jetzt anhand von 33 packenden und super interessanten Fakten kennenlernen.

1. Sport ist kein Phänomen des modernen Zeitalters. Schon zu allen Zeiten der Geschichte der Menschheit haben sich Menschen körperlich betätigt. Ein beliebtes Beispiel dafür ist die Antike, die sogar organsierte Wettbewerbe hatte. Beliebte Disziplinen in dieser Zeit sind der Ringkampf, das

Speerwerfen, der Stadionlauf oder auch das Diskurswerfen gewesen.

2. Um gute sportliche Leistungen zu erbringen, ist auch eine gute Gesundheit wichtig. Diese kann jedoch durch das Rauchen empfindlich beeinträchtigt werden, sodass Herz-Kreislauf-Erkrankungen oder Schlaganfälle drohen. Allein das Risiko für einen Herzinfarkt ist bei Rauchern doppelt so hoch wie dies bei Nichtrauchern der Fall ist. Eine besonders vulnerable Gruppe sind dabei Heranwachsende, weil diese schon innerhalb weniger Wochen süchtig nach Zigaretten werden können. Das ist so, weil das jugendliche Gehirn anfälliger für die Wirkung von Zigaretten ist.

3. Ebenso gefährlich kann der Konsum von Alkohol für Teenager sein. Besonders gefährdet ist eine Schädigung des Gehirns, doch auch Organe können nachhaltig geschädigt werden. Obwohl der Konsum von Alkohol in Deutschland dazugehört, ist und bleibt er eine Droge. Dabei verfügt es über eine betäubende Wirkung und ist ein Zellgift.

4. Erwachsenen wird empfohlen, pro Tag 2 bis 3 Liter Wasser zu trinken. Die Deutsche Gesellschaft für Ernährung gab für Kinder von 4 bis 10 Jahren aus, dass diese pro Tag 1 Liter Wasser trinken sollten, ab dem 10. Lebensjahr noch etwas mehr und ab dem 15. Lebensjahr werden 1.5 Liter pro Tag empfohlen. Wenn du dich sportlich viel verausgabst und schwitzt, kannst du natürlich noch mehr Wasser trinken.

5. Vielleicht hast du tiefgefrorene Lebensmittel schon des Öfteren in der Mikrowelle aufgewärmt und dich gefragt,

was wohl mit all den wertvollen Nährstoffen während des Aufwärmens in der Mikrowelle passiert. Die wichtigen Nährstoffe und Mineralien bleiben erhalten - das ist doch eine gute Nachricht.

6. Menschen, die viel Sport treiben und viele Muskeln aufbauen wollen, schwören auf Eiweiße. Diese sind insbesondere im Eigelb zu finden. Eigelb ist voll von Mineralien und Vitaminen. Eigelb ist also nicht nur ein gesunder Snack, sondern auch ein richtiges Power-Food.

7. Wenn du im Supermarkt Obst und Gemüse einkaufst, dann wäscht du es natürlich immer zuerst daheim ab - das ist natürlich klar. Doch viel unklarer wird es dann im nächsten Schritt für viele Menschen, wenn es um das Lagern von Lebensmitteln geht. Insbesondere Tomaten werden in ihrer richtigen Lagerung konfliktiv diskutiert. Experten haben jedoch herausgefunden, dass Tomaten am besten separat in der Küche aufbewahrt werden sollten, da das wertvolle Aroma der Tomaten bei einer Lagerung im Kühlschrank verloren gehen würde.

8. Vielleicht hast du schon selbst erfahren, dass Sport nicht nur Spaß machen kann, sondern auch eine super Ablenkung sein kann. Sport kann aber auch dann helfen, wenn ein Mensch unter psychischen Erkrankungen leidet. Ganz besonders findet das dadurch statt, dass Sport Stresshormone abbaut beziehungsweise den Stresshormonen sogar vorbeugen kann.

9. Geht es um das Thema Ernährung, muss auch das Thema der Lebensmittelverschwendung bedacht werden. Die

großen Mengen weggeworfener Lebensmittel sorgen dafür, dass enorme Mengen an Wasser, Energie und anderen wichtigen Rohstoffen verbraucht wird. Das gilt nicht nur für den Handel, sondern für den ganzen Lebenszyklus von einem Lebensmittel - vom Anbau bis in den Lebensmitteleinzelhandel. Kaum vorstellbar, aber wahr: Knapp 30 % der weltweit verfügbaren Agrarflächen werden für den Anbau aller Lebensmittel verwendet, die weggeworfen werden.

10. Weil Lebensmittelverschwendung insbesondere in der westlichen Welt ein so riesiges Problem ist, sind auch schon viele Maßnahmen diskutiert worden, um diesem Problem entgegenzutreten. Wenn du selbst in eurem Familienalltag einen positiven Beitrag leisten möchtest, dann kannst du ganz simple Tricks anwenden. Allein das Verwerten von Lebensmittelresten, das bewusstere Einkaufen oder ein Verschenken von Essen, was man selbst nicht mehr essen wird, was aber noch wenige Tage haltbar ist, kann entscheidend zu einer individuelleren, signifikant niedrigeren Lebensmittelverschwendung beitragen.

11. Um ein gutes Selbstvertrauen aufzubauen, kann Sport eine große Hilfe sein. Wenn wir Sport treiben, dann werden viele Hormone ausgeschüttet, die unser Selbstbewusstsein stärken. Studien haben ergeben, dass gerade für junge Menschen Sport ein Weg darstellen kann, um ein größeres Selbstbewusstsein zu erlangen.

12. Doch nicht nur das Selbstbewusstsein kann durch das Ausüben einer Sportart ordentlich angekurbelt werden,

auch die eigene Produktivität kann sich nachhaltig verbessern. Sport kann dir dabei helfen, einfach mal den Kopf freizubekommen und dich auszutoben. Wissenschaftliche Beobachtungen aus der jüngeren Vergangenheit haben gezeigt, dass sportliche Menschen kreativer sind, ein besseres räumliches Vorstellungsvermögen haben und außerdem auch sehr produktiv sind. Dass dieses Wissen nicht exklusiv ist, wird am Beispiel des Griechen Aristoteles deutlich. Im Gehen lernte der berühmte griechische Philosoph - und das sehr erfolgreich.

13. Auch wenn Schokolade - wie aber auch alle anderen Dinge - in Massen nicht gesund ist, kann eine kleine Menge echter Schokolade einen guten Beitrag für das eigene Wohlgefühl leisten. Nicht nur fühlen wir uns nach dem Verzehr eines Stückes Schokolade glücklicher, auch können wir besser entspannen. Dieses Gefühl der Ruhe kann besonders wohltuend sein, wenn gerade sehr viel um uns herum passiert.

14. Vielleicht hast du schon in einer Mannschaft Sport betrieben - egal ob Fußball, Basketball oder auch Tennis oder Badminton. Sport hat die herausragende Qualität, dass er Menschen miteinander verbinden kann. Das gilt nicht nur für die Fans im Stadion, sondern insbesondere um die Menschen, die zusammen Sport treiben. Wahrscheinlich hast du auch schon längst wahrgenommen, dass Sport zu treiben mit einem Freund zusammen viel mehr Spaß macht als ganz alleine.

15. Möchtest du deinem Gehirn und deiner Psyche eine Wellnessbehandlung gönnen, dann ist Sport genau der richtige Weg. Sport kann dazu beitragen, das eigene Wohlbefinden nachhaltig zu steigern. Nicht nur verschafft er dir ein besseres Selbstbewusstsein, auch kann er ein tolles Ventil sein, um angestaute Energie rauszulassen.

16. Manchmal ist es in der Flut der Lebensmittel, die es im Supermarkt zu kaufen gibt, gar nicht einfach, zu entscheiden, was davon wichtig ist, was der eigene Körper benötigt. Eine gute Orientierung kann für dich jedoch die Ernährungspyramide sein, die in insgesamt sechs Stufen aufgeteilt ist. Diese gibt an, welche Mengen an verschiedenen Lebensmittelgruppen für die gesunde Ernährung empfohlen werden.

17. Wenn du dich vegetarisch oder vegan ernähren solltest, dann ist es wichtig, genügend Proteine zu dir zu nehmen. Diese können sehr gut durch Nüsse aufgenommen werden, beispielsweise durch Erdnüsse oder auch Paranüsse. Ein richtig leckerer Snack für Zwischendurch kann auch Studentenfutter sein, das dir viele gesunde Nährstoffe bietet.

18. Sport hat vielfältige positive Auswirkungen auf den menschlichen Körper. Wichtig ist es jedoch, dass du die Übungen richtig ausführst. Bedeutend ist es daher, sich das korrekte Vorgehen von einem Trainer oder Übungsleiter erklären zu lassen. Wird Sport falsch betrieben, kann dies auch zu Verletzungen führen.

19. Hast du schon vom "Urban Gardening" gehört? Dahinter verbirgt sich ein richtig cooles, gemeinschaftsstiftendes Modell - nämlich die städtische Landwirtschaft. Diese ermöglicht nicht nur einen regionalen Anbau, sondern auch das Einbeziehen der lokalen städtischen Bevölkerung sowie das Implementieren einer Wertschätzung für Nahrung. Damit ist gemeint, dass durch das eigene Anbauen der Lebensmittel, das Pflegen der Fläche und das Ernten den Lebensmitteln gleichzeitig auch ein höherer Wert zugeschrieben wird. So kann dafür gesorgt werden, dass man selbst Lebensmittel wieder als wertvoll und nicht als selbstverständlich wahrnimmt - denn das sind sie für viele Menschen der Welt nicht.

20. Gerade bei Erwachsenen im höheren Alter kann Sport dazu beitragen, das Risiko auf einen erhöhten Blutdruck oder auch auf das Risiko für Diabetis-Typ-2 deutlich zu senken. Dabei gehen Ernährung und Sport immer Hand in Hand. Wird also auf eine gesunde, ausgewogene Ernährung geachtet und wird auch viel Sport getrieben, dann schraubt dies die eigene Gesundheit nach oben.

21. Gesundes Essen kann lecker sein! Anders als es manchmal heißt, kann gesunde Ernährung wahnsinnig lecker und ergiebig sein. Ein gutes Beispiel dafür sind selbstgemachte Smoothies, die du mit einem Mixer und etwas Obst oder Gemüse denkbar einfach zubereiten kannst. Das Ergebnis ist ein leckerer Smoothie, der ordentlich Power verleiht und richtig lecker schmeckt.

22. Viele Studien in der jüngeren Vergangenheit haben gezeigt, dass Sport für das eigene Immunsystem sehr positive Folgen haben kann. Sport sorgt nämlich dafür, dass das eigene Immunsystem gestärkt wird. Dies hilft dabei, Krankheiten vorzubeugen.

23. Hast du dich schon gefragt, wieso eine Gurke relativ geschmacklos schmeckt? Das liegt daran, dass sie zu stolzen 96% aus Wasser besteht. Dass sie dennoch ein sehr gesundes Nahrungsmittel ist, wird dadurch jedoch nicht eingeschränkt. Insbesondere für einen leckeren Salat oder auch für den Grill kann eine einfach Gurke perfekt sein.

24. Tatsächlich wahr: Eingefrorenes Gemüse ist nahrhafter als Gemüse, das in der Küche liegt und Sonnenstrahlung ausgesetzt ist. Das liegt daran, dass Gemüse, das nicht eingefroren wird, schon geerntet wird, bevor es überhaupt reif ist. Ist dieses Gemüse dann auf dem Weg hin zum Supermarkt Licht oder auch Hitze ausgesetzt, dann kann es eine ganze Menge seiner Nährstoffe verlieren.

25. Ein sehr fortschrittliches Gesetz zum Umgang mit weggeschmissenen Lebensmitteln hat die US-amerikanische Stadt Seattle. In dieser ist es verboten, Lebensmittel in den Müll zu schmeißen. Wenn sich jemand dort diesem Verbot widersetzt, dann droht eine Geldstraße. Die Lebensmittelabfälle, die anfallen, müssen die Menschen in Seattle kompostieren.

26. Es erscheint einleuchtend, dass manche Sportarten vielleicht auch sehr skurril sein mögen. Ein paar der lustigsten

Beispiele sind beispielsweise Bubble Ball, Unterwasserhockey, Schachboxen oder auch Bossball.

27. Omega-3-Fettsäuren gelten als sehr gesund. Sie stecken unter anderem in Fisch. Sie sind aber auch in Pflanzenölen, beispielsweise in Leinöl oder auch in Rapsöl enthalten. Dabei sind die Omega-3-Fettsäuren fast vergleichbar mit kleinen Superhelden, die unserem Körper wahnsinnig helfen können. Nicht nur sind sie entzündungshemmend, sie erweisen sich auch als positiv für unseren Stoffwechsel.

28. In Deutschland sind viele Menschen Mitglied in einem Sportverein. Die meisten Mitglieder hat der Fußball, der in Deutschland über 7 Millionen Mitglieder zählt. An zweiter Stelle steht das Turnen, das sich an beinahe 5 Millionen Mitgliedern erfreuen kann. An dritter Stelle reihen sich in Deutschland die Tennisvereine an, die circa 1,3 Millionen Mitglieder haben.

29. Energydrinks sind bei manchen Teilen Jugendlicher noch immer sehr beliebt. Der zu exzessive Genuss solcher Energydrinks kann jedoch ernste gesundheitliche Gefahren mit sich bringen, wie das Bundesinstitut für Risikobewertung in Deutschland anhand einer Dose Red Bull für Jugendliche aufzeigt. Das Bundesinstitut legt nahe, dass Jugendliche maximal 180 mg Koffein bei einem Körpergewicht von 60 Kilogramm zu sich nehmen sollten. Findet der Konsum von Energydrinks exzessiv statt, so drohen Herzkreislaufprobleme.

30. Vielleicht hat auch deine Schule eine Mensa oder eine Kantine. Hier wird von Seiten der Gesundheitsministerien

darauf geachtet, dass gesunde Nahrungsmittel angeboten werden. Allgemein wird darunter verstanden, dass Wasser oder ungesüßte Getränke zum Trinken angeboten werden und Mahlzeiten Gemüse, Getreide, Proteine und Obst umfassen.

31. Sport zu treiben, wirkt sich auch positiv auf die Lebenserwartung auf. Eine Studie ergab, dass in aufsteigender Reihenfolge das Joggen, das Schwimmen und das Radfahren zwischen drei und vier Lebensjahre mehr bringen würden. So zahlt sich Sport nicht nur für ein glückliches, aktives Leben aus, sondern auch für ein langes Leben.

32. Vielleicht hast du einen Menschen kennengelernt, der eine körperliche Einschränkung hat und Mitglied in einem Sportverein ist. In der heutigen Zeit bieten immer mehr Sportvereine an, behinderte und nicht behinderte Menschen beim Sport zusammenzubringen und Inklusion zu erleben. Das ermöglicht zudem auch gesellschaftliche Teilhabe für Menschen, die eine körperliche oder geistige Einschränkung haben.

33. Die meisten Fans einer Sportart weltweit darf der Fußball verzeichnen. Eine weltweite Untersuchung von Daten ergab eine Schätzung, nach der insgesamt vier Milliarden Menschen weltweit Fußballfans seien.

34. Genauso wie es die Welthungerhilfe auf ihrer Homepage ausgewiesen hat, sollte es auch in der Praxis sein: Das Recht auf eine gesunde und ausreichende Ernährung. Dies steht sogar eigentlich im Artikel 11 vom Internationalen Pakt über wirtschaftliche, soziale und kulturelle Rechte

festgeschrieben, wozu sich immerhin 162 Staaten schriftlich verpflichtet haben. Dennoch leiden weiterhin 10 % der Weltbevölkerung unter Unterernährung.

Bonus: 33 geniale Witze

Um eine gute Zeit zu haben und einen Freund zum Lachen zu bringen, kann es nicht schaden, wenn du einen guten Witz parat hast. Dabei kannst du dir natürlich auch selbst einen guten Witz ausdenken, aber manchmal ist das gar nicht so einfach. Damit du auch selbst ordentlich was zum Lachen hast, bekommst du im Folgenden 33 superwitzige Witze präsentiert. Witze können dir auch sehr gut dabei helfen, um eine gedrückte Stimmung aufzuhellen. Du kannst die Witze aber natürlich auch nutzen, um sie deinen Freunden zu erzählen, damit ihr euch vor Lachen wegschießen könnt. Nun viel Spaß mit diesen 33 Witzen.

1. Betritt ein Pferd ein Restaurant. Sagt der Kellner zum Pferd: "Du kannst nicht immer unsere ganzen Vorräte essen, wenn wir dir Einlass gewähren!"

2. Warum brauchen Polizeibeamte in ihrer Uniform auch stets eine Nagelschere, wenn sie auf Streife sind? Weil ihre Pistole ohnehin nicht funktioniert.

3. Treffen sich zwei Fischschwärme. Sagt der eine :"Hi!". Sagt der andere Fischschwarm ganz erschrocken und total bleich: "WO?!"

4. Ein Lehrer stellt seiner Schulklasse eine Frage: "Stellt euch jetzt mal vor, dass ihr acht Nadeln in eurer Hosentasche habt und drei Nadeln dann rausfallen. Was habt ihr dann noch in eurer Hosentasche?" Daraufhin sagt ein Schüler: "Ein Loch, Herr Lehrer."

5. Felix geht zu seiner Mutter und fragt sie: "Mama, ich habe drei Fragen an dich. Die erste Frage lautet: Kann ich bitte die neueste Spielekonsole haben? Die zweite Frage ist: Wieso nicht? Die dritte Frage ist: Wie oft muss ich dir sagen, dass du wirklich wunderschön bist, bis ich die Spielekonsole bekomme?"

6. In ihrer Mittagspause treffen sich zwei Advokaten. Sagt der eine Anwalt zu dem anderen Juristen: "Hey! Lange nicht mehr gesehen. Wie geht es dir?", erwidert der andere Anwalt: "Ganz passabel, ich kann da wirklich nicht klagen."

7. Sagt der völlig entgeisterte Mathematiklehrer zu seiner Klasse im Unterricht: "Diese Klasse ist unfassbar schlecht in Mathe. Ich bin mir mehr als sicher, dass mindestens 75 % von euch in der Klassenarbeit durchfallen werden." Antwortet ein Schüler in der letzten Reihe: "Aber so viele Schüler sind wir doch überhaupt nicht!"

8. An einer Straße in einer deutschen Kleinstadt stehen die Schildkröten Paul und Nils. Die eine Schildkröte möchte gerne über die andere Straße, die andere Schildkröte hält sie jedoch davon ab und sagt: "Sei vorsichtig, in dreißig Minuten könnte ein Auto vorbeikommen!"

9. Jan: "Mama, weißt du eigentlich, wie viel Zahnpasta noch in der Tube ist?" Mutter: "Ich denke zwischen 75 und 90 Milliliter." Jan: "Ich muss dich leider enttäuschen, es sind genau 1,87 m. Ich habe es gerade nochmal auf unserem Sofa im Wohnzimmer nachgemessen."

10. Der Lehrer erklärt im Deutschunterricht die Zeitformen der Vergangenheit, der Gegenwart und der Zukunft. "Wenn ich euch sage, dass ich schön bin, was ist das für eine Zeit?", darauf antwortet Toni: "Vergangenheit, Herr Lehrer. Das kann nur in der Vergangenheit gewesen sein."

11. In der ersten Unterrichtsstunde der Klasse 3a sitzt Niko im Unterricht. Sagt seine Lehrerin: "Jeden Freitag stelle ich euch eine Frage und wer von euch sie richtig beantworten kann, der bekommt den Rest des Tages frei und startet schon frühzeitig ins Wochenende." Am Freitag fragt sie die Klasse also: "Wie viele Sandkörner hat die Nordseeküste?" Keiner der Schüler hat eine Antwort. Am nächsten Freitag fragt sie: "Wie viele Außerirdische leben an der Nordseeküste?" Niemand hat eine Antwort. Am nächsten Freitag legt Niko noch vor dem Unterricht schnell seinen Winterstiefel auf das Lehrerpult. Die Lehrerin betrifft den Raum und fragt verwundert: "Wem gehört denn dieser Stiefel?". Darauf ruft Niko: "Mir! Tschüss, bis nächsten Montag!"

12. Hält eine Straßenkontrolle der Polizei einen Mann an. Fragt der Polizist: "Guten Tag. Können Sie sich denn auch ausweisen?". Daraufhin wühlt der Mann ein wenig in seinem Rucksack, ehe er einen Spiegel herausnimmt, sich selbst im Spiegel betrachtet und zufrieden feststellt: "Ja, das bin tatsächlich ich!"

13. Geht ein Luchs im örtlichen Lebensmittelmarkt einkaufen. Fragt der Kassierer den Luchs: "Wollen Sie bei unserer Punktesammelaktion mitmachen?"

14. Sitzen eine Mutter und ihre Tochter am Küchentisch. Die Mutter erkundigt sich bei ihrer Tochter: "Anna, wie war heute die Schule?" Anna erwidert: "Ganz cool, wir haben in der Pause wieder das leckere Baguette beim Kiosk an der Schule bekommen." Schüttelt die Mutter mit dem Kopf und sagt: "Nein, in der Schule. Wie war der Unterricht? Ihr habt bestimmt wieder eine Menge gelernt, oder?" Antwortet Anna: "Ich glaube, der Lehrer checkt das Fach selbst nicht besonders. Unser Lehrer stellt uns immer Fragen. Natürlich antworten wir ihm nicht. Er muss das doch wissen!" Die Mutter blickt entgeistert drein.

15. Begeben sich zwei Streichhölzer morgens durch einen Wald. Kommt ihnen plötzlich ein Igel entgegen. Sagt das eine Streichholz zum anderen: "Oh, mir war gar nicht klar, dass hier ein Bus fährt!"

16. Weißt du, wieso alle Rosinen Stirnlampen tragen? Na, weil sie in den Stollen gehen.

17. Welchen Arzt sucht Pinocchio auf, wenn es ihm nicht gut geht? Richtig, den Holz-Nasen-Ohren Arzt.

18. Betritt ein Frosch den örtlichen Lebensmittelmarkt. Fragt der Verkäufer den Frosch: "Hallo Herr Frosch, was wollen Sie denn heute kaufen?" Es dauert einen Moment, doch dann antwortet der Frosch: "Quak."

19. Lilli sitzt Donnerstagmorgen im Schulunterricht der 7a. Dann meldet Lilli sich. Sie fragt: "Herr Fiege, kann man für etwas nicht Gemachtes sanktioniert werden?" Antwortet Herr Fiege seiner Schülerin Lilli: "Das wäre total unfair.

Nein, das geht nicht." Sichtlich erleichtert schaut Lilli nun daher, blickt Herrn Fiege an und sagt ihm: "Das ist super! Die Hausaufgaben, die wir zu heute aufhatten, habe ich nicht gemacht. Toll, dass das nicht schlimm ist!"

20. Jonas sitzt in dem Unterricht seiner Klasse 5d. Da fragt ihn im Biologieunterricht seine Lehrerin Frau Falke: "Jonas, warum ist der Eisbär weiß?" Jonas entgegnet darauf trocken: "Nun, wenn er rot wäre, dann würde der Eisbär wohl kaum Eisbär, sondern Rotbär heißen."

21. Ein Elefant und eine Maus gehen gemeinsam ins Schwimmbad. Plötzlich sagt der Elefant erschrocken: „Oh nein, ich habe meine Badehose zuhause vergessen!" Da antwortet die Maus: „Das ist doch kein Problem! Ich habe zwei dabei."

22. Warum können Geister so schlecht lügen? Weil sie leicht zu durchschauen sind.

23. Der kleine Tim ist beim Spielen hingefallen. Das sieht auch seine Oma, die fragt ihn ganz aufgeregt; "Tim, ist deine Nase noch heile?" Tim antwortet darauf: "Ja Oma, da brauchst du dir keine Sorgen machen. Die zwei Löcher in meiner Nase waren auch schon vorher drin."

24. Der Lateinlehrer Herr Normann fragt seine Klasse: Wer von euch kann mir einen berühmten Dichter und Denker aus der Zeit der Antike nennen"? Carlos meldet sich und antwortet entschlossen: "Achilles!" Darauf sagt Herr Normann zu Carlos: "Aber Carlos, das war doch ein Held der griechischen Mythologie und kein Dichter!" Nun

antwortet Carlos merklich erstaunt: "Aber wieso sagen Sie das? Achilles hat doch wegen seiner Ferse Berühmtheit erlangt?"

25. Timo besucht seine Oma und sagt: "Großmutter, die Gitarre war das schönste Geschenk an meinem Geburtstag!" Darauf entgegnet seine Großmutter mit einem breiten Lächeln: "Ach, wirklich? Das freut mich aber ungemein!" Felix erwidert: "Ja! Ich spiele sie zwar selbst gar nicht gerne, aber Papa gibt mir immer fünf Euro, wenn ich ihm darauf einen seiner Lieblingssongs vorspiele."

26. Anton befindet sich im Biologieunterricht seiner Klasse 6c. Fragt ihn sein Klassenlehrer Herr Schlautier: "Welches Tier ist das intelligenteste Tier im gesamten Tierreich?" Oskar hebt seine Hand, meldet sich und sagt: "Das sind natürlich Sie!"

27. Befinden sich zwei Steinpilze im Wald: Fragt der eine Steinpilz: "Wie geht es dir heute?" Antwortet der andere: "Wieso redest du? WIR KÖNNEN NICHT REDEN?!"

28. Was ist der Unterschied zwischen einem Teppich und einem Bäcker? Während ein Bäcker jeden Morgen meist schon um 03.30 aufstehen muss, kann der Teppich einfach liegenbleiben.

29. Eine Frau betritt ein Geschäft in einem Einkaufszentrum. Sie stellt sich an den Tresen und sagt: "Hallo, ich bräuchte bitte eine neue Gleitsichtbrille." Darauf antwortet der Mann, der sich hinter dem Tresen befindet: "Ja, das stimmt! Hier ist ja auch der Schlüsseldienst!"

30. Geht ein Freundesduo durch eine Unterführung. Sagt der Dritte zum Vierten: "Oh du, ich glaube wir sind wohl zu fünft". Sagt der Sechste: "Das verstehe ich nicht." Kennst du den Witz mit den zwei Mäusen im Fahrstuhl schon? Nein? Ich auch nicht, denn ich habe die Treppe genommen.

31. Warum fahren Elefanten eigentlich kein Fahrrad? Ganz einfach, weil sie keinen Daumen zum Klingeln haben!

32. Eine Kuh steht an der Weide, lässt sich von der Nachmittagssonne bescheinen und grast. Nun stößt auch eine zweite Kuh dazu und gesellt sich neben sie und fängt ebenso an zu grasen. Da fragt die eine Kuh: "Wie schmeckt das Gras denn heute?" Da erwidert die andere Kuh: "Bis eben hervorragend, aber jetzt isst du mir ja mein Futter weg."

33. Betritt ein Mann einen Buchladen und sagt: "Hallo, ich würde gerne einen besonders mitreißenden, spannenden Krimi kaufen wollen." Erwidert der Verkäufer: "Alles klar, gerne. Da habe ich eine prima Empfehlung für Sie." Der Verkäufer zieht ein Buch aus einem Verkaufsregal und sagt: "Schauen Sie, dieses Buch ist gerade der Hit unter den Krimis schlechthin! Sie erfahren auch erst auf der letzten Seite, dass der Mörder der Gärtner war.

Covergestaltung: Katharina Geier